Jutta Streer

Selbstständig zur Grammatik

5/6

Ernst Klett Verlag
Stuttgart Düsseldorf Leipzig

Dieses Werk folgt der reformierten Rechtschreibung und Zeichensetzung.

Gedruckt auf Recyclingpapier, hergestellt aus 100 % Altpapier.

| 1. Auflage | 1 ⁶ | 2002 |

Alle Drucke dieser Auflage können im Unterricht nebeneinander benutzt werden, sie sind untereinander unverändert.
Die letzte Zahl bezeichnet das Jahr dieses Druckes.

© Ernst Klett Verlag GmbH, Stuttgart 1995.
Alle Rechte vorbehalten.
Internetadresse: http://www.klett.de

Von den Vorlagen ist die Vervielfältigung für den eigenen Unterrichtsgebrauch gestattet.
Die Kopiergebühren sind abgegolten.

Umschlag: Martina Mahle, Anita Bauch
Illustration: Martina Mahle, Stuttgart
Satz und Druck: Wilhelm Röck GmbH, Weinsberg

ISBN 3-12-327048-3

Selbstständig zur Grammatik

Inhalt

Vorwort IV

Worterklärungen VI

Die Wortarten 1
Nomen 1
Erkennen von Nomen (Teil 1 und 2) 1
Zusammengesetzte Nomen 3
Verwendung von Verben und Adjektiven
als Nomen 4
Verb 5
Erkennen von Verben (Teil 1 und 2) 5
Konjugation von Verben 7
Imperativ 8
Adjektiv 9
Erkennen von Adjektiven (Teil 1 und 2) 9
Verwendung von Nomen als Adjektive 11
Adjektiv und Verb im Vergleich (wie/als) ... 12
Nomen, Verb, Adjektiv 13
Artikel 14
Bestimmter Artikel 14
Unbestimmter Artikel 15
Nomen, Verb, Adjektiv, Artikel 16
Pronomen 17
Personalpronomen 17
Deklination des Personalpronomens 18

Possessivpronomen 19
Personal- und Possessivpronomen 20
Präposition (Teil 1 und 2) 21
Nomen, Verb, Adjektiv, Artikel, Präposition,
Personal- und Possessivpronomen
(Teil 1 und 2) 23

Die vier Fälle (Teil 1–4) 25

Die Zeiten 29
Präsens und Perfekt 29
Präteritum (Teil 1 und 2) 30
Präteritum und Plusquamperfekt 32
Alle Zeiten (Teil 1–3) 33

Die Satzglieder 36
Subjekt 36
Prädikat 37
Subjekt und Prädikat 38
Akkusativobjekt 39
Dativobjekt 40
Subjekt, Prädikat, Dativ- und
Akkusativobjekt 41
Subjekt, Akkusativ- und Dativobjekt
(Teil 1 und 2) 42
Präpositionalobjekt 44
Alle Objekte 45

 = Schreibe aufs Blatt

 = Partnerarbeit

Vorwort

Zum Konzept

„Zu viele Rechtschreib- und Grammatikfehler! Geringer Wortschatz!" Mehr und mehr wird im Schulalltag und zu Hause die fehlende Sicherheit im Umgang mit der deutschen Sprache beklagt.

Diese Schwierigkeiten zeigen sich in ihrer Vielfalt besonders beim Übergang von der Grundschule in die weiterführende Schule, wenn es gilt Schülerinnen und Schüler mit z. T. unterschiedlichem Vorwissen in einen Klassenverband zu integrieren.

Die Materialien **Selbstständig zur Rechtschreibung, Selbstständig zur Grammatik** und **Selbstständig zum besseren Wortschatz** knüpfen an Unterrichtsformen an, die den Schülerinnen und Schülern aus der Grundschulzeit vertraut sind, und gehen – ergänzend zu dem an der Schule eingeführten Sprachbuch – diese Probleme gezielt an. Nach den Prinzipien des selbstständigen Lernens und Kontrollierens wird der Einzelne ermutigt seine individuellen Fehlerschwerpunkte zu überwinden.

Die Arbeitsblätter sind in der 5. und 6. Klasse von Lehrkräften verschiedener Schulformen (Realschule, Gymnasium, Gesamtschule) bei der Freiarbeit, im Klassenverband sowie im Förder- und Einzelunterricht erfolgreich erprobt worden. Sie orientieren sich an den geltenden Lehrplänen für die 5./6. Jahrgangsstufe, an den sprachlichen Defiziten der Kinder sowie an den Erwartungen und Erfahrungen der Deutschkolleginnen und -kollegen.

Sie sind zur Unterstützung und Erleichterung für den einzelnen Lehrer, für die Fachschaft Deutsch und für Schüler und Eltern zu Hause gedacht.

Die Materialien können als **Gesamttrainingsprogramm**, aber auch in **Auszügen** zur **Erarbeitung des Unterrichtsstoffs**, zur **Übung und Vertiefung** und zur **gezielten Behebung von Fehlerschwerpunkten** verwendet werden. Jedes Arbeitsblatt ist systematisch aufgebaut und stellt eine in sich geschlossene Unterrichtseinheit von etwa einer halben Stunde dar.

Durch motivierende Aufgaben wird versucht die Schüler möglichst viel selbst schreiben zu lassen. Auf Lückentexte wurde daher weitgehend verzichtet. Dadurch kann im Sinne der Kostenersparnis ein großer Teil der Arbeitsblätter mehrfach benutzt werden.

Einsatzmöglichkeiten

1. Bei der Freiarbeit
2. Als Unterrichtsmaterial im Klassenverband
3. Zur Binnendifferenzierung
4. Im Förderunterricht für leistungsschwächere Kinder und zur Angleichung von Spätaussiedlern und ausländischen Schülern
5. In Vertretungsstunden
6. Beim eigenständigen Nacharbeiten und Üben zu Hause

Ziele

1. **Training von Arbeitstechniken und Fertigkeiten im Fach Deutsch**
   - Suchen von Rechtschreibhilfen (z. B. deutliches Sprechen, Wortverwandte suchen, Verlängerungen bilden)
   - Erkennen der Grundbausteine von Wörtern
   - Systematisches Lernen nicht herleitbarer Wörter
   - Nachschlagen im Wörterbuch
   - Achten auf den richtigen Fall
   - Gezieltes Erfragen von Wörtern und Satzgliedern
   - Vermeidung von Wortwiederholungen und Achten auf den treffenden Ausdruck
   - Sicherung eines Grundwortschatzes

2. **Motivation und Selbstständigkeit**
   - Direkte Ansprache und Einbeziehung des Schülers
   - Kleinschrittige Erarbeitung und Übung des Stoffes
   - Orientierung des Arbeitstempos am individuellen Arbeitstempo des Schülers (keine Wartezeit für Schnellere, kein Druck für Langsamere)
   - Abwechslungsreiche, oft spielerische Übungen (Knobel- und Denksportaufgaben, Rätsel, Schreibspiele, Möglichkeiten zur Partnerarbeit)

3. **Selbstkontrolle**
   - Möglichkeit der eigenen Überprüfung durch die Lösungsseite
   - Rückmeldung über Schwächen und Fortschritte entwickelt Eigenverantwortung und Selbstvertrauen
   - Durch eigene Kontrolle Entspannung von gehemmten Kindern

4. **Training von grundlegendem systematischem Arbeitsverhalten**
   - Ruhiges und konzentriertes Arbeiten
   - Ausdauer
   - Richtiges Abschreiben
   - Genaues Lesen und Befolgen von Arbeitsanweisungen, Hinweisen und Tipps
   - Beantwortung der Aufgaben in der richtigen Reihenfolge
   - Kontrolle der eigenen Arbeit und Berichtigung der eigenen Fehler

5. **Training sozialer Verhaltensweisen**
   - Durch Angebot an Partnerübungen Entwicklung der Bereitschaft zu helfen und sich selber helfen zu lassen

Praktische Hinweise

Selbstständig zur Rechtschreibung und **Selbstständig zum besseren Wortschatz** sind auch als Selbstlernkurse einsetzbar. Die Aufgaben in **Selbstständig zur Grammatik** setzen die Behandlung des Stoffes im Unterricht voraus und dienen der Übung und Festigung.

Die einzelnen Kapitel können unabhängig voneinander bearbeitet werden. So kann der Lehrer weiterhin seine persönlichen Schwerpunkte setzen und die Schüler bei der Themenwahl entsprechend beraten. Nur innerhalb der Kapitel ist oft die Beibehaltung der vorgegebenen Reihenfolge sinnvoll.

Aufgaben, die das Symbol „Partnerarbeit" haben, können meist mit leicht veränderter Aufgabenstellung auch allein gelöst werden. Anderseits kann aber auch bei vielen Aufgaben ohne dieses Symbol gemeinsam gearbeitet werden.

Die Prinzipien des selbstständigen Arbeitens, wie Bereitstellen des Materials, ruhiges und konzentriertes Arbeiten, genaues Lesen der Arbeitsanweisungen und Tipps, verantwortungsbewusstes Kontrollieren und Berichtigen, sollten vorher besprochen werden.

Unterrichtsvorbereitung und schnelle Kontrolle werden erleichtert. Der Lehrer gewinnt Ruhe und Zeit für die Beobachtung des Lern- und Arbeitsverhaltens einzelner Schüler und erhält so eine wichtige Gesprächsgrundlage für Elterngespräche und Konferenzen. Er kann sich in dieser Stunde einzelnen Kindern widmen.

Häufig fragen Eltern nach zusätzlichem Übungsmaterial. Tipps und Lösungsblätter verschaffen ihnen die Möglichkeit sich schnell über den Lernstoff zu informieren und mit dem Kind zu arbeiten.

Bei Nutzung als Freiarbeitsmaterial

1. Anschaffungen
vom Lehrer:
Aktenordner für die Arbeitsblätter, Klarsichthüllen, Klebestreifen, Locher, mehrere Würfel, Schere

vom Schüler:
Ringbuch mit DIN-A4-Blättern

2. Anlegen der Ordner
Klassenordner:
Jedes Arbeitsblatt kommt in eine Klarsichthülle. Damit die Originale erhalten bleiben, werden sie an der Rückseite der Klarsichthülle mit Klebestreifen befestigt. So kann man die Kopien davor stecken. Die Inhaltsverzeichnisse werden in Klassenstärke (plus 3 Exemplare für die Klassenordner) kopiert. Wie oft die Vorderseiten der Arbeitsblätter kopiert werden, hängt von den Einsatzvorstellungen der Lehrerin oder des Lehrers ab. Die Kopien der Arbeitsblätter werden vor die Originale gelegt. Zuerst werden die Inhaltsverzeichnisse und die Worterklärungen, anschließend die Folien mit den Arbeitsblättern in die Klassenordner einsortiert.

Ringbuch des Schülers für Freiarbeit:
Jeder Schüler heftet vorne die Inhaltsverzeichnisse der Materialien ein um sich jederzeit mit dem Angebot der Ordner vertraut machen und daraus auswählen zu können. Er legt die Kapitel **Rechtschreibung**, **Grammatik** und **Wortschatz** an.

3. Vorüberlegungen mit den Schülerinnen und Schülern
– Welches **Thema** suche ich aus? Der Schüler nimmt sich das Inhaltsverzeichnis und die letzten Klassenarbeiten vor und fragt sich: Wo fühle ich mich unsicher? Anfangs hilft sicher der Rat des Lehrers.
– Was bedeuten die **Symbole**? Erklärung der Symbole S. III.
– Wo erfahre ich die Bedeutung der verwendeten **lateinischen Fachausdrücke**? S. VI.
– Wann ist das **Beschriften der Arbeitsblätter** erlaubt? Der Schüler, der sich eine vor das Original gesteckte Kopie an seinen Platz geholt hat, löst normalerweise die Aufgaben in seinem Ringbuch (Thema und Datum nicht vergessen!). Nur beim Symbol ✎ sollte er die Lösung auf das Arbeitsblatt schreiben.
– Woher weiß der Lehrer, wann er **neue Arbeitsblätter kopieren** muss?
Der Schüler, der die letzte Kopie herausnimmt, trägt die Nummer der Seite auf einem dafür angelegten Blatt ein.
– Wie **kontrolliert** sich der Schüler?
Er nimmt das Lösungsblatt und vergleicht sein Ergebnis Wort für Wort mit der vorgegebenen Lösung. Er streicht seine Fehler an und verbessert sie.
– Was muss der Schüler tun, wenn er mit seinem Arbeitsblatt **fertig** ist?
Im Inhaltsverzeichnis seines Ringbuchs notiert er hinter dem erledigten Thema das Datum der Bearbeitung. Er ordnet seine Ergebnisse in seinem Ringbuch ein. Die Klarsichtfolien mit den Lösungen und, je nach Absprache mit dem Lehrer, auch die unbeschriebenen Arbeitsblätter legt er wieder an die richtige Stelle im Klassenordner zurück.
Der Lehrer sollte für diese Arbeiten am Ende der Stunde einige Minuten Zeit zur Verfügung stellen.

Worterklärungen

Adjektiv	Eigenschaftswort/Wiewort – hell, witzig
Akkusativobjekt	Satzglied, Ergänzung im 4. Fall (Frage: *wen?/was?*) – Ich sah *ein Krokodil*. *Wen/was* sah ich?
Anredepronomen	Anredefürwort – du, dich, Sie, Ihnen, ...
Artikel	Begleiter/Geschlechtswort – der, die, das, ein, eine, ..
Dativobjekt	Satzglied: Ergänzung im 3. Fall (Frage: *wem?*) – Er half *dem Löwen*. *Wem* half er?
Deklination	Beugung – der Ball, des Balles, dem Ball, ...
Femininum	weibliches Hauptwort – die Katze, die Gesundheit
Futur	Zukunft – Wir werden spielen.
Genitiv	2. Fall (Frage: *wessen?*) – Das Fell *des Hundes* glänzt. *Wessen* Fell?
Imperativ	Befehlsform – Iss! Esst!
Infinitiv	Grundform des Verbs – spielen, sein
Konjugation	Beugung, Veränderung der Verbform – ich spiele, du spielst, es spielt, ...
Konjunktion	Bindewort – und, oder, denn, damit, obwohl, ...
Konsonant	Mitlaut – b, c, d, f, g, h, j, k, l, m, n, p, q, r, s, t, v, w, x y, z
Maskulinum	männliches Hauptwort – der Tiger, der Mut
Neutrum	sächliches Hauptwort – das Schwein, das Leben
Nomen	Namenwort/Hauptwort/Substantiv – Affe, Mut
Nominativ	1. Fall (Frage: *wer?/was?*) – *der Löwe*
Perfekt	vollendete Gegenwart – du hast gespielt, er ist gelaufen
Personalpronomen	persönliches Fürwort – ich, du, er, sie, es, ...
Plural	Mehrzahl – die Gespenster
Plusquamperfekt	Vorvergangenheit – wir hatten gespielt, ihr wart gelaufen
Possessivpronomen	Besitz anzeigendes Fürwort – mein, dein, sein, unser, euer, ihr, ihrem, ... Hund
Prädikat	Satzglied: Satzaussage (Frage: *Was tut jemand/etwas? Was geschieht?*) – Michaela *ist geschwommen*. *Was tut* Michaela?
Präposition	Verhältniswort – neben, auf, unter, ... dem Tisch
Präpositionalobjekt	Satzglied: Ergänzung mit Präposition – Ich träumte *von meiner Katze*. *Wovon* träumte ich?
Präsens	Gegenwart – ich spiele, sie läuft
Präteritum	Vergangenheit – ich spielte, sie lief
Singular	Einzahl – das Gespenst
Subjekt	Satzglied: Satzgegenstand im 1. Fall (Frage: *wer?/was?*) – *Das Kamel* gefiel mir. *Wer/was* gefiel mir?
Verb	Tätigkeitswort/Tuwort/Tunwort/Zeitwort – spielt, laufe
Vokal	Selbstlaut – a, e, i, o, u

Grammatik **Die Wortarten**

Erkennen von Nomen (Teil 1)

Habt ihr schon gemerkt, dass auch Wörter Verstecken spielen können?
Das Wort **Maus** versteckt sich gerade in Sch**maus**.

1. Auch in den folgenden Wörtern sind Wörter mit anderer Bedeutung
versteckt.
Schreibe die **versteckten Nomen** heraus, manchmal sind es auch
mehrere. Benutze dafür die **Nomen-Probe**.

Nomen-Probe: Setze den Artikel davor.
Beispiel: Rast → *der* Ast

1. Traum
2. wachsen
3. graben
4. flattern
5. Schwester
6. Stier
7. Kaffee
8. Brille
9. Schalter
10. steigen
11. Schund
12. Schwein
13. erschrocken
14. Staubsauger
15. gestern
16. Europa
17. erlauben
18. warm
19. Kleid
20. Tomate

2. Nun geht es umgekehrt. Verlängere die folgenden Wörter so, dass Nomen mit
anderer Bedeutung entstehen. Setze den Artikel davor und denke daran, dass
du die Nomen großschreibst. Unterstreiche das alte Wort in dem neuen.
Beispiel: Ritze → die S<u>ritze</u>

1. Eiter
2. Rippe
3. raten
4. Unke
5. Ecke
6. hinken
7. Eis
8. Asche
9. Ruder
10. lang
11. Rind
12. Rache
13. und
14. ist

3. Suche 30 Nomen, in denen sich das Wörtchen *an* versteckt hat.
Manchmal helfen dir Reimwörter.
Beispiel: das Land, die Wand

 4. Schreibe selbst solche Wörterverstecke für eine Partnerin oder einen Partner
auf.

Die Wortarten
Erkennen von Nomen (Teil 1)

1. Schreibe die **versteckten Nomen** heraus.

1. Traum: der Raum – 2. wachsen: die Achse – 3. graben: der Rabe –
4. flattern: die Latte – 5. Schwester: die Weste – 6. Stier: das Tier –
7. Kaffee: der Affe, die Fee – 8. Brille: die Rille – 9. Schalter: der Halter, das Alter, der Alte, der Schal, der Halt – 10. steigen: der Teig, das Ei, die Steige –
11. Schund: der Hund – 12. Schwein: der Wein, das Ei – 13. erschrocken: der Rock – 14. Staubsauger: der Stau, der Tau, das Tau, die Sau, das Auge –
15. gestern: die Geste, der Stern – 16. Europa: der Opa, der Uropa –
17. erlauben: das Laub, die Laube – 18. warm: der Arm – 19. Kleid: das Leid, der Eid, das Ei – 20. Tomate: die Oma

2. Verlängere die folgenden Wörter so, dass Nomen mit anderer Bedeutung entstehen.

1. Eiter: die Leiter, der Reiter
2. Rippe: die Grippe, die Krippe, die Strippe
3. raten: der Braten
4. Unke: der Funke, der Bunker
5. Ecke: die Zecke, das Becken, der Flecken, die Hecke, die Decke, die Strecke, die Schnecke
6. hinken: der Schinken
7. Eis: der Reis, der Greis, die Greisin, der Kreis, das Gleis, der Preis, die Meise, die Reise, der Geist, die Geisel, die Speise
8. Asche: die Tasche, die Masche, die Lasche, die Flasche
9. Ruder: der Bruder
10. lang: die Schlange, der Klang
11. Rind: die Rinde
12. Rache: der Drachen, die Sprache, der Rachen
13. und: der Hund, der Mund, das Pfund, der Bund, der Fund, der Schlund, die Wunde, die Stunde, die Runde, der Kunde, die Sekunde, die Kundgebung
14. ist: der Mist, die Liste, die List, die Kiste, die Piste

3. an in Nomen:
das Land, die Wand, das Pfand, der Rand, die Hand, der Sand,
das (der) Band, der Stand, der Strand, die Panne, die Pfanne, die Kanne, die Tanne,
die Wanne, die Spange, die Wange, die Zange, die Stange, die Schlange,
die Wanze, die Pflanze, der Klang, der Fang, der Hang, der Gesang, der Tang,
die Bank, der Dank, der Schrank, der Tank, der Zank, die Krankheit, der Mann,
der Bann, die Bande, die Schande, die Kante, die Gans, die Banane, die Kanzel,
der Ranzen, die Lanze, der Mantel, der Plan, der Kranz, der Anorak,
die Schranke, die Ananas, die Orange

Grammatik **Die Wortarten**

Erkennen von Nomen (Teil 2)

1. Gnork kommt bei seiner Erderkundung auch zu einem mächtigen Zauberschloss, in dem niemand zu leben scheint. Er wagt es in das Schloss hineinzulaufen. In einem dunklen Hinterzimmer voller Spinnweben findet er beschriebene Papierfetzen. Er versucht die Schrift zu entziffern, muss aber feststellen, dass die Wörter in diesem Schloss verhext worden sind.

1. Schreibe die Satzfetzen richtig auf.

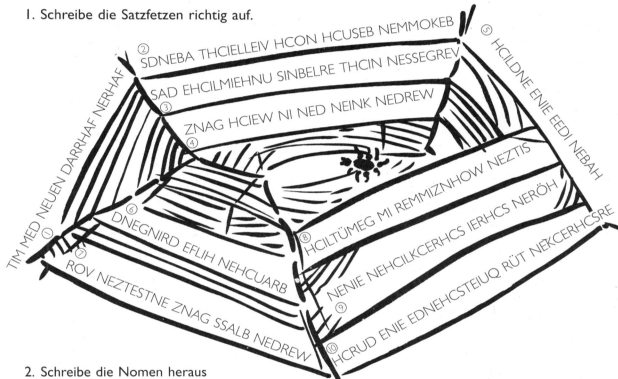

2. Schreibe die Nomen heraus und setze den passenden Artikel dazu. Denke daran, dass du die Nomen großschreibst.
Beispiel: der Besuch

 3. Verhexe ebenso drei eigene Satzfetzen. Deine Partnerin oder dein Partner soll sie entschlüsseln und die Nomen unterstreichen.

2. Wörtersalat

1. Schreibe die Witze richtig auf.

DERLEHRERFRAGT:„WERWEISSEINBEISPIELFÜRUMWELTVERSCHMUTZUNG?" FRITZCHENMELDETSICHSTÜRMISCH:„DIESARDINENDOSE,HERR LEHRER!ALLESVOLLERÖLUNDALLEFISCHETOT!"

„PAPA,DUHASTGLÜCK!"„WIESO?"„DUBRAUCHSTMIRFÜRDASNÄCHSTE SCHULJAHRKEINENEUENBÜCHERZUKAUFEN."

2. Unterstreiche die Nomen in deinem Text. Überprüfe, ob du sie großgeschrieben hast.

Die Wortarten

Erkennen von Nomen (Teil 2)

1. 1. Schreibe die Satzfetzen richtig auf.

1. mit dem neuen Fahrrad fahren
2. abends vielleicht noch Besuch bekommen
3. das unheimliche Erlebnis nicht vergessen
4. ganz weich in den Knien werden
5. endlich eine Idee haben
6. dringend Hilfe brauchen
7. vor Entsetzen ganz blass werden
8. gemütlich im Wohnzimmer sitzen
9. einen schrecklichen Schrei hören
10. durch eine quietschende Tür erschrecken

2. Schreibe die Nomen heraus und setze den passenden Artikel dazu. Denke daran, dass du die Nomen großschreibst.
das Fahrrad, der Besuch, das Erlebnis, das Knie, die Idee, die Hilfe, das Entsetzen, das Wohnzimmer, der Schrei, die Tür

2. Wörtersalat

1. Schreibe die Witze richtig auf.

2. Unterstreiche die Nomen in deinem Text. Überprüfe, ob du sie großgeschrieben hast.

Der <u>Lehrer</u> fragt: „Wer weiß ein <u>Beispiel</u> für <u>Umweltverschmutzung</u>?"
<u>Fritzchen</u> meldet sich stürmisch: „Die <u>Sardinendose</u>, <u>Herr</u> <u>Lehrer</u>! Alles voller <u>Öl</u> und alle <u>Fische</u> tot!"

„<u>Papa</u>, du hast <u>Glück</u>!" – „Wieso?" – „Du brauchst mir für das nächste <u>Schuljahr</u> keine neuen <u>Bücher</u> zu kaufen."

Grammatik

Die Wortarten

Zusammengesetzte Nomen

> Ein Nomen kann mit anderen Nomen, Verben oder Adjektiven zu einem neuen Nomen zusammengesetzt werden.
> **Beispiele:**
> **Hauptstraße: Haupt + Straße = Nomen + Nomen**
> **Fahrstraße: fahren + Straße = Verb + Nomen**
> **Schnellstraße: schnell + Straße = Adjektiv + Nomen**
> *Straße* ist dabei das *Grundwort*. Nach ihm richtet sich der Artikel.
> *Haupt-, Fahr-* und *Schnell-* bestimmen das Nomen näher. Sie heißen deshalb *Bestimmungswörter*.

1. Das ist ein Kai: eine Betonplattform, an der Schiffe anlegen.
2. Dock für Passagierschiffe
3. Spezialkräne für das Entladen von Containerschiffen
4. Eisenbahn für den Gütertransport zum und vom Hafen
5. Hafenkräne zum Beladen und Entladen der Schiffe
6. Schlepper bugsieren große Schiffe zu ihren Anlegestellen an den Kais.
7. Die Drehbrücke ist geöffnet, damit ein Schiff passieren kann.
8. Lastkähne
9. Lastwagen für den Gütertransport
10. Trockendock: Bei leer gepumptem Dock werden Schiffe repariert oder neu gestrichen.
11. Lagerhäuser für Frachtgut
12. Schienen für Laufkräne am Kai
13. Öltanker
14. Schleusentore halten das Wasser im Hafenbecken immer auf derselben Höhe.
15. Fluss: Der Wasserspiegel hebt und senkt sich hier mit den Gezeiten.
16. Ein Schiff wird durch die Fahrrinne geleitet.

Nach: Ravensburger Kinderatlas. London 1978.

Lege eine Tabelle an und zerlege die zusammengesetzten Nomen in ihre Ausgangswörter.

Zusammengesetztes Nomen (mit Artikel)	Grundwort (mit Artikel)	Bestimmungswort (Wortart)
die Betonplattform	die Form	1. Beton (Nomen) 2. platt (Adjektiv)

Die Wortarten
Zusammengesetzte Nomen

Grammatik

Lege eine Tabelle an und zerlege die zusammengesetzten Nomen in ihre Ausgangswörter.

Zusammengesetztes Nomen (mit Artikel)	Grundwort (mit Artikel)	Bestimmungswort (Wortart)
1. die Betonplattform	die Form	1) Beton (Nomen) 2) platt (Adjektiv)
2. das Passagierschiff	das Schiff	Passagier (Nomen)
3. der Spezialkran	der Kran	spezial (Adjektiv)
3. das Containerschiff	das Schiff	Container (Nomen)
4. die Eisenbahn	die Bahn	Eisen (Nomen)
4. der Gütertransport	der Transport	Güter (Nomen)
5. der Hafenkran	der Kran	Hafen (Nomen)
6. die Anlegestelle	die Stelle	anlegen (Verb)
7. die Drehbrücke	die Brücke	drehen (Verb)
8. der Lastkahn	der Kahn	Last (Nomen)
9. der Lastwagen	der Wagen	Last (Nomen)
10. das Trockendock	das Dock	trocken (Adjektiv)
11. das Lagerhaus	das Haus	Lager (Nomen)
11. das Frachtgut	das Gut	Fracht (Nomen)
12. der Laufkran	der Kran	laufen (Verb)
13. der Öltanker	der Tanker	Öl (Nomen)
14. das Schleusentor	das Tor	Schleuse (Nomen)
14. das Hafenbecken	das Becken	Hafen (Nomen)
15. der Wasserspiegel	der Spiegel	Wasser (Nomen)
16. die Fahrrinne	die Rinne	fahren (Verb)

Grammatik

Die Wortarten

Verwendung von Verben und Adjektiven als Nomen

Gnork arbeitet aushilfsweise auf einem Güterbahnhof. Er soll nur **Nomen** mit den Endungen **-ung, -heit, -keit, -tum** und **-nis** verladen.

Leider sind diesmal keine Nomen geliefert worden. Gnork ist ganz entsetzt. Er findet nur andere Wortarten:

Verben:
achten – anstrengen – wandern – erlauben – vorbereiten – üben – verabreden – hoffen – verletzen – wagen – senden – ausbilden – erleben – leiten – irren – hindern – mitteilen – lenken – benachrichtigen – sich ereignen – verstehen

Adjektive:
heiser – echt – faul – geheim – traurig – wahr – reich – gesund – freundlich – weise – dunkel – krank – frei – finster – vollständig – fröhlich – menschlich – genau – persönlich – frech – hell – dumm – schnell

Kannst du Gnork helfen? Ändere die Verben und Adjektive so um, dass sie als Nomen, begleitet von ihrem Artikel, in einen der Waggons passen. Die Endungen helfen dir dabei. Sortiere sie in einer Tabelle für den Transport vor. Nimm am besten dein Blatt quer.

-ung	-heit	-keit	-tum	-nis
die Achtung				

Vorsicht: Manchmal musst du die Ausgangswörter etwas verändern.
Beispiel: verstehen → das Verständnis
genau → die Genauigkeit

Die Wortarten

Grammatik

Verwendung von Verben und Adjektiven als Nomen

Kannst du Gnork helfen? Ändere die Verben und Adjektive so um, dass sie als Nomen, begleitet von ihrem Artikel, in einen der Waggons passen.
Die Endungen helfen dir dabei. Sortiere sie in einer Tabelle für den Transport vor. Nimm am besten dein Blatt quer.

Nomen auf -ung:
die Achtung – die Anstrengung – die Wanderung – die Vorbereitung – die Übung – die Verabredung – die Hoffnung – die Verletzung – die Sendung – die Ausbildung – die Leitung – die Mitteilung – die Lenkung – die Benachrichtigung

Nomen auf -heit:
die Echtheit – die Faulheit – die Wahrheit – die Gesundheit – die Weisheit – die Dunkelheit – die Krankheit – die Freiheit – die Frechheit – die Dummheit

Nomen auf -keit:
die Heiserkeit – die Traurigkeit – die Freundlichkeit – die Vollständigkeit – die Fröhlichkeit – die Menschlichkeit – die Genauigkeit – die Persönlichkeit – die Helligkeit – die Schnelligkeit

Nomen auf -tum:
der Irrtum – der Reichtum

Nomen auf -nis:
die Erlaubnis – das Wagnis – das Erlebnis – das Hindernis – das Ereignis – das Verständnis – das Geheimnis – die Finsternis

Grammatik

Die Wortarten

Erkennen von Verben (Teil 1)

1. Täglich liest und hörst du solche unvollständigen Sätze. Schreibe den „verblosen" Text mit passenden Verben.

   > Schwerer Unfall gestern auf der Autobahn! Zwei Tote, ein Verletzter! Hoher Sachschaden an fünf Pkws! Ungeduldige Urlauber im kilometerlangen Stau!

2. Lies den folgenden Witz. Schreibe ihn so, dass vollständige Sätze entstehen. Unterstreiche die sechs Verben.
   Zum Geburtstag Alexander von seiner Schwester Jessica eine wasserdichte Armbanduhr. Er über das teure Geschenk und sie: „Warum du mir ausgerechnet eine so teure Uhr?" – „Damit sie dich nicht beim Spülen", die Schwester.

3. Schreibe selbst einen Witz ohne Verben. Nimm eventuell ein Witzbuch zu Hilfe. Deine Partnerin oder dein Partner ergänzt die Verben. Lest euch die vollständigen Witze vor.

Die Grundform des Verbs heißt *Infinitiv* (rennen, sein).

4. Partnerwettkampf: Suche in der Reihenfolge des Alphabets Infinitive: ankommen, behalten ... C, X und Y darfst du auslassen. Du kannst ein Wörterbuch benutzen.

5. In der Wörtersalatschüssel befinden sich zehn Verben.

Wenn du nicht genau weißt, ob es sich um ein *Verb* handelt, hilft dir die *Vergangenheitsprobe* (helfen → ich half), denn nur Verben können in die Vergangenheit gesetzt werden.

1. Schreibe die zehn Verben heraus und mache die Vergangenheitsprobe.
   Beispiel: essen – ich aß

   TRAGEN – GARDINE – HINÜBER – ANTWORTEN – AUF – BALD – UNS – KLAVIER – NENNEN – KOMMEN – TIGER – NETT – SITZEN – BAUM – WEIHNACHTLICH – TRINKEN – VIEL – ERLEBEN – KOMISCH – TELEFON – LÜGEN – WENN – LERNEN – TENNIS – ERKENNEN

2. Lies die Anfangsbuchstaben der Verben hintereinander. Das Wort, das sich ergibt, hat mit dem Auto zu tun.

Die Wortarten

Erkennen von Verben (Teil 1)

1. Schreibe den „verblosen" Text mit passenden Verben.

Möglichkeiten:
Ein schwerer Unfall ereignete sich gestern auf der Autobahn. Zwei Menschen kamen ums Leben, einer wurde verletzt. An fünf Personenwagen entstand hoher Sachschaden. Ungeduldige Urlauber warteten im kilometerlangen Stau.

2. Lies den folgenden Witz. Schreibe ihn so, dass vollständige Sätze entstehen. Unterstreiche die sechs Verben.

Möglichkeiten:
Zum Geburtstag <u>bekommt</u> Alexander von seiner Schwester Jessica eine wasserdichte Armbanduhr. Er <u>wundert sich</u> über das teure Geschenk und <u>fragt</u> sie: „Warum <u>schenkst</u> du mir ausgerechnet eine so teure Uhr?" – „Damit sie dich nicht beim Spülen <u>stört</u>", <u>antwortet</u> die Schwester.

4. Möglichkeiten:
arbeiten, bauen, danken, essen, fressen, geben, heißen, irren, jagen, kaufen, lenken, malen, naschen, opfern, pauken, quaken, reiten, schenken, teilen, untergehen, verbringen, wählen, zeichnen

5. In der Wörtersalatschüssel befinden sich zehn Verben.

1. Schreibe die zehn Verben heraus und mache die Vergangenheitsprobe.

tragen	– ich trug
antworten	– ich antwortete
nennen	– ich nannte
kommen	– ich kam
sitzen	– ich saß
trinken	– ich trank
erleben	– ich erlebte
lügen	– ich log
lernen	– ich lernte
erkennen	– ich erkannte

2. Lies die Anfangsbuchstaben der Verben hintereinander. Das Wort, das sich ergibt, hat mit dem Auto zu tun.

   Das gesuchte Wort heißt: Tankstelle.
   Da es ein Nomen ist, wird es großgeschrieben.

Grammatik **Die Wortarten**

Erkennen von Verben (Teil 2)

1. Was Gnorki nicht lernt, lernt Gnork nimmermehr.

1. Wie heißt dieses Sprichwort richtig?
2. Kennst du auch die folgenden Sprichwörter? Schreibe sie vollständig auf. Die Wörter unter den Sprichwörtern helfen dir, wenn du unsicher bist.

   1. Wer andern _____ gräbt, fällt selbst hinein.
   2. Wenn zwei sich streiten, freut sich _____ .
   3. Wer einmal _____ , dem glaubt man nicht und wenn er auch _____ spricht.
   4. Wie man in _____ hineinruft, so schallt es heraus.
   5. Viele _____ verderben den Brei.
   6. _____ macht den Meister.
   7. Irren ist _____ .
   8. Lügen haben kurze_____ .
   9. _____ , nur nicht heute, sagen alle faulen Leute.
   10. _____ , die bellen, beißen nicht.
   11. Neue _____ kehren gut.
   12. Wer nicht _____ will, muss fühlen.
   13. Was ich nicht weiß, macht mich nicht _____ .

   Ergänzungen:
   heiß – eine Grube – den Wald – Köche – die Wahrheit – menschlich – Beine – Hunde – lügt – Besen – Übung – hören – der Dritte – Morgen, morgen

3. Unterstreiche in deinen Sprichwörtern die Verben. Schreibe sie im Infinitiv und mit ihrer Vergangenheitsform auf.
   Beispiel: Was Hänschen nicht <u>lernt</u>, <u>lernt</u> Hans nimmermehr:
   lernen (er lernte)

2. Wähle ein Sprichwort, das dir gut gefällt, aus.

1. Erfinde mit wenigen Sätzen eine Situation, zu der das Sprichwort passt, und schreibe sie auf. Lies deine Idee deinem Partner oder deiner Partnerin vor. Versteht er oder sie das Sprichwort wie du?
   Beispiel: Wenn zwei sich streiten, freut sich der Dritte.

   Zwei Amseln streiten sich um einen Brotkrümel. Sie gehen wild aufeinander los und entfernen sich dabei von dem Leckerbissen. Ein Spatz beobachtet das und schnappt sich das Brot.

2. Unterstreiche in deinem Text alle Verben. Deine Partnerin oder dein Partner kontrolliert dein Ergebnis, indem sie oder er mündlich die Vergangenheitsform bildet.
   Beispiel: sich streiten – ich stritt mich

Die Wortarten *Grammatik*

Erkennen von Verben (Teil 2)

1. Was Gnorki nicht lernt, lernt Gnork nimmermehr.

1. Wie heißt dieses Sprichwort richtig?
   Was Hänschen nicht lernt, lernt Hans nimmermehr.

2. Kennst du auch die folgenden Sprichwörter? Schreibe sie vollständig auf.
   1. Wer andern eine Grube gräbt, fällt selbst hinein.
   2. Wenn zwei sich streiten, freut sich der Dritte.
   3. Wer einmal lügt, dem glaubt man nicht und wenn er auch die Wahrheit spricht.
   4. Wie man in den Wald hineinruft, so schallt es heraus.
   5. Viele Köche verderben den Brei.
   6. Übung macht den Meister.
   7. Irren ist menschlich.
   8. Lügen haben kurze Beine.
   9. Morgen, morgen, nur nicht heute, sagen alle faulen Leute.
   10. Hunde, die bellen, beißen nicht.
   11. Neue Besen kehren gut.
   12. Wer nicht hören will, muss fühlen.
   13. Was ich nicht weiß, macht mich nicht heiß.

3. Unterstreiche in deinen Sprichwörtern die Verben. Schreibe sie im Infinitiv und mit ihrer Vergangenheitsform auf.
   1. graben (ich grub), hineinfallen (ich fiel hinein)
   2. sich streiten (ich stritt mich), sich freuen (ich freute mich)
   3. lügen (ich log), glauben (ich glaubte), sprechen (ich sprach)
   4. hineinrufen (ich rief hinein), herausschallen (es schallte heraus)
   5. verderben (ich verdarb)
   6. machen (ich machte)
   7. sein (ich war)
   8. haben (ich hatte)
   9. sagen (ich sagte)
   10. bellen (ich bellte), beißen (ich biss)
   11. kehren (ich kehrte)
   12. hören (ich hörte), wollen (ich wollte), müssen (ich musste), fühlen (ich fühlte)
   13. wissen (ich wusste), machen (ich machte)

2. Zwei Amseln streiten sich um einen Brotkrümel. Sie gehen wild aufeinander los und entfernen sich dabei von dem Leckerbissen. Ein Spatz beobachtet das und schnappt sich das Brot.

losgehen – ich ging los
sich entfernen – ich entfernte mich
beobachten – ich beobachtete
sich schnappen – ich schnappte mir

Grammatik

Die Wortarten

Konjugation von Verben

Jedes Verb kannst du in den Infinitiv (Grundform) setzen.
Beispiel: du machst: machen, sie ist gegangen: gehen

1. Bilde die Infinitive.

wir spielten – du springst – ihr schriebt – sie haben gegessen – es war –
sie verliert – ich bin – wir haben gehabt – du fällst um – es kam heraus –
du läufst

Man kann jedes Verb verändern, z.B. ich *lese* – er *liest* – wir *lesen*. Die Form ändert sich, wenn sich die Person ändert. Diese Veränderung heißt *Beugung* oder *Konjugation*.

2. Stelle einen Würfel mit Personalpronomen her. Klebe dazu die ausgeschnittene Würfelform auf ein Stück Karton und klebe sie an den Rändern zusammen.

3. Was machen die Personen auf den Bildern? Schreibe Sätze mit passenden Verben. Würfele dazu das Personalpronomen und konjugiere das Verb jeweils in der gewürfelten Form. Das Personalpronomen soll bei deinen Antworten nicht an den Anfang des Satzes.
Beispiel: trinken – du
→ Zum Frühstück trinkst du sicher ein Glas Milch.

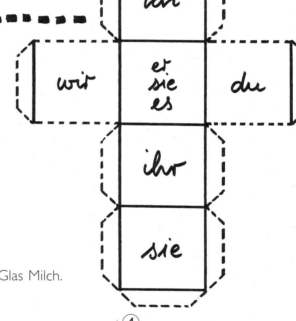

①  ②  ③  ④

4. Ein Mitspieler nennt ein Verb im Infinitiv, z.B. *machen*. Der andere würfelt das Personalpronomen und bildet mit ihm und dem Verb einen Satz. Er soll aus mindestens fünf Wörtern bestehen. Dann wird gewechselt.
Beispiel: Morgen machen wir eine Schiffstour.

Die Wortarten
Konjugation von Verben

1. Bilde die Infinitive.

wir spielten:	spielen
du springst:	springen
ihr schriebt:	schreiben
sie haben gegessen:	essen
es war:	sein
sie verliert:	verlieren
ich bin:	sein
wir haben gehabt:	haben
du fällst um:	umfallen
es kam heraus:	herauskommen
du läufst:	laufen

3. Was machen die Personen auf den Bildern? Schreibe Sätze mit passenden Verben.

Beispiele:
1. Am nächsten Tag **zerriss sie** den Brief wieder.
2. Zur Überraschung der Zuschauer **ritt er** als Erster durchs Ziel.
3. In den Sommerferien **fuhren wir** mit der ganzen Familie an den Bodensee.
4. Jeden Abend **trainieren sie** auf dem Sportplatz.

Grammatik **Die Wortarten**

Imperativ

1. Gnork kommt bei seiner Erderkundung an einer Schule vorbei. Auf der Straße hört er, wozu Lehrer Neubert die Schüler mit lauter Stimme auffordert:

   - Sammelt bitte die Hefte ein!
   - Schlagt die Bücher auf!
   - Wirf nicht mit Kreide, Susanne!
   - Sagt nicht vor!
   - Hilf deinem Nachbarn, Alexander!
   - Lies laut und deutlich, Oliver!
   - Holt die Übungshefte heraus!
   - Sei nicht so schwatzhaft, Monika!

   Schreibe die Imperative – manchmal bestehen sie aus zwei Wörtern – mit ihren Infinitiven heraus.
   Beispiel: Gebt bitte eure Hefte ab! – Gebt ab! – abgeben

2. Mit den folgenden Verben werden bei den Imperativen oft Fehler gemacht. Bilde die richtigen Imperative im Singular (Einzahl) und Plural (Mehrzahl). Denke an das Ausrufezeichen.
   Beispiel: geben: Gib! Gebt!

   essen, werfen, sprechen, fressen, lesen, sehen, stechen, sterben, helfen, vergessen, messen, nehmen

3. **Versteckte Imperative**
   Entdeckst du die Imperative, die am Anfang oder am Ende der folgenden zusammengesetzten Nomen versteckt sind? Schreibe die Imperative und die Nomen auf.
   Beispiel: Putzeimer: Putz, Eimer!

   Schaufenster – Kaugummi – Kompost (Achtung: Schreibweise verändern) – Kochlöffel – Schillerplatz – Goethedenkmal – Klobürste – Wärmflasche – Knallbonbon

4. Nun geht es umgekehrt! Hier findest du Infinitive.

   1. Bilde von jedem Verb den Imperativ und ergänze ein passendes Nomen, so dass ein sinnvolles zusammengesetztes Nomen entsteht.
      Beispiel: rutschen: Rutsch, Bahn! (Rutschbahn)

      trinken, nähen, baden, gießen, lernen, setzen, streuen, springen, rennen, backen, stehen, schwimmen, laufen, spielen, spülen, fahren, tanzen, leihen, mischen, drehen, fallen

   2. Suche noch mehr Beispiele.

Die Wortarten

Imperativ

1. Schreibe die Imperative – manchmal bestehen sie aus zwei Wörtern – mit ihren Infinitiven heraus.

   Sammelt ein! – einsammeln
   Schlagt auf! – aufschlagen
   Wirf! – werfen
   Sagt vor! – vorsagen
   Hilf! – helfen
   Lies! – lesen
   Holt heraus! – herausholen
   Sei! – sein

2. Bilde die richtigen Imperative im Singular (Einzahl) und Plural (Mehrzahl). Denke an das Ausrufezeichen.

   essen: Iss! Esst!   werfen: Wirf! Werft!
   sprechen: Sprich! Sprecht! fressen: Friss! Fresst!
   lesen: Lies! Lest!   sehen: Sieh! Seht!
   stechen: Stich! Stecht!   sterben: Stirb! Sterbt!
   helfen: Hilf! Helft!   vergessen: Vergiss! Vergesst!
   messen: Miss! Messt!   nehmen: Nimm! Nehmt!

3. **Versteckte Imperative**
   Schreibe die Imperative und die Nomen auf.
   Schaufenster: Schau, Fenster! Kaugummi: Kau, Gummi! Kompost: Komm, Post! Kochlöffel: Koch, Löffel! Schillerplatz: Schiller, platz! Goethedenkmal: Goethe, denk mal! Klobürste: Klo, bürste! Wärmflasche: Wärm, Flasche! Knallbonbon: Knall, Bonbon!

4. Nun geht es umgekehrt! Hier findest du Infinitive.

   1. Bilde von jedem Verb den Imperativ und ergänze ein passendes Nomen, so dass ein sinnvolles zusammengesetztes Nomen entsteht.

   Möglichkeiten:
   trinken: Trink, Becher! (Trinkbecher)
   nähen: Näh, Maschine! (Nähmaschine)
   baden: Bade, Meister! (Bademeister)
   gießen: Gieß, Kanne! (Gießkanne)

   Lernprogramm, Setzkasten, Streudienst, Springseil, Rennbahn, Backofen, Stehlampe, Schwimmbad, Laufband, Spielplatz, Spülmaschine, Fahrbahn, Tanzschule, Leihhaus, Mischpult, Drehorgel, Falltür

Grammatik | **Die Wortarten**

Erkennen von Adjektiven (Teil 1)

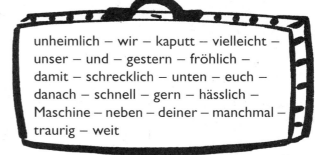

unheimlich – wir – kaputt – vielleicht – unser – und – gestern – fröhlich – damit – schrecklich – unten – euch – danach – schnell – gern – hässlich – Maschine – neben – deiner – manchmal – traurig – weit

1. Im Koffer findest du Wörter der verschiedenen Wortarten.

1. Zeichne eine Tasche, in die nur die **Adjektive** umgepackt werden sollen.
2. Trage die Adjektive in der Tasche ein.

unheimlich

Am besten hilfst du dir mit der *Adjektiv-Probe*: Wenn du das Wort *steigern* kannst, ist es ein *Adjektiv*, z. B. unheimlich – unheimlicher. Es gibt nur wenige Adjektive, die du nicht steigern kannst, z. B. tot, einzig, rund.

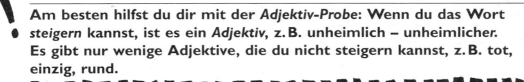

3. Überprüfe schriftlich die Wörter in der Tasche mit Hilfe der **Adjektiv-Probe**.
   Beispiel: schlecht – schlechter

2. Geburtstagseinladung an Adjektive

Auf der Gästeliste finden sich bisher aber auch noch andere Wortarten, die allerdings nicht erwünscht sind.

Gästeliste

1. heute
2. sondern
3. komisch
4. ordentlich
5. lachen
6. prächtig
7. Quatsch
8. frisch
9. schief
10. immer
11. schließlich
12. pünktlich
13. ruhig
14. oder
15. bald
16. unehrlich
17. durch
18. neu
19. gut
20. unser

1. Fertige eine neue Liste an, die nur aus Adjektiven besteht. Schreibe als Beweis die Steigerungsformen dahinter.
   Beispiel: ehrlich – ehrlicher

2. Die Anfangsbuchstaben aller Adjektive ergeben eine Tätigkeit, die vielen Kindern Spaß macht.

 3. Partnerwettkampf: Adjektive und ihr Gegenteil
Wer findet die meisten Gegensatzpaare? Schreibe sie auf. Die Vorsilbe **un-** ist dabei nicht erlaubt.
Beispiel: dick – dünn

Die Wortarten

Grammatik

Erkennen von Adjektiven (Teil 1)

1. 1. Im Koffer findest du Wörter der verschiedenen Wortarten.

2. Trage die Adjektive in der Tasche ein.

3. Überprüfe schriftlich die Wörter in der Tasche mit Hilfe der Adjektiv-Probe.

Adjektive:
unheimlich (unheimlicher) – kaputt (kaputter) – fröhlich (fröhlicher) – schrecklich (schrecklicher) – schnell (schneller) – hässlich (hässlicher) – traurig (trauriger) – weit (weiter)

2. Geburtstagseinladung an Adjektive

1. Fertige eine neue Liste an, die nur aus Adjektiven besteht. Schreibe als Beweis die Steigerungsformen dahinter.

   3. komisch   – komischer
   4. ordentlich – ordentlicher
   6. prächtig   – prächtiger
   8. frisch   – frischer
   9. schief   – schiefer
   12. pünktlich – pünktlicher
   13. ruhig   – ruhiger
   16. unehrlich – unehrlicher
   18. neu   – neuer
   19. gut   – besser

2. Die Anfangsbuchstaben aller Adjektive ergeben eine Tätigkeit, die vielen Kindern Spaß macht.
   Das Lösungswort heißt: Kopfsprung.

3. Partnerwettkampf: Adjektive und ihr Gegenteil

Wer findet die meisten Gegensatzpaare? Schreibe sie auf. Die Vorsilbe **un-** ist dabei nicht erlaubt.

Möglichkeiten:
richtig – falsch, leer – voll, gerade – krumm, rund – eckig, eng – weit, schwarz – weiß, einfarbig – bunt, fleißig – faul, dumm – klug, neu – alt, steil – flach, hoch – tief, frisch – verdorben, aufgeregt – ruhig, schnell – langsam, großzügig – geizig, fröhlich – traurig, gesund – krank

Grammatik

Die Wortarten

Erkennen von Adjektiven (Teil 2)

Geh mit Gnork auf Adjektiv-Jagd. Wie viele der insgesamt 50 waagerecht und senkrecht versteckten Adjektive findest du?

1. Umrande jedes Adjektiv und schreibe es heraus. Mache dabei die **Adjektiv-Probe: Steigere das Wort.**
Beispiel: arm (ärmer)

Achtung! Manchmal ist der letzte Buchstabe eines Adjektivs gleichzeitig der erste Buchstabe eines neuen Adjektivs.

2. Zähle deine Adjektive.

	1	2	3	4	5	6	7	8	9	10	11	12	13	14	15	16
1	f	a	r	m	k	s	c	h	r	e	c	k	l	i	c	h
2	k	r	u	m	m	c	s	b	e	q	u	e	m	t	z	u
3	a	t	h	s	c	h	n	e	l	l	b	k	l	e	i	n
4	p	r	i	e	b	ö	s	e	f	a	u	l	o	l	k	g
5	u	e	g	g	e	n	a	u	k	s	t	e	i	l	r	r
6	t	i	r	w	b	a	l	m	a	t	r	e	u	a	a	i
7	t	f	l	e	i	ß	i	g	l	s	e	r	b	u	n	g
8	e	d	u	i	t	h	e	s	t	a	r	r	a	t	k	z
9	i	i	s	t	t	a	b	o	r	u	k	i	g	a	o	h
10	s	c	h	w	e	r	r	l	e	b	h	a	f	t	r	o
11	i	h	q	u	r	t	e	a	n	e	t	t	ß	z	e	c
12	g	t	w	i	l	d	i	n	f	r	ö	h	l	i	c	h
13	g	r	o	ß	o	e	t	g	d	u	m	m	k	a	h	t
14	o	a	g	e	r	n	k	s	c	h	m	u	t	z	i	g
15	l	u	s	t	i	g	s	a	a	l	b	m	ü	d	e	u
16	b	k	s	t	a	r	k	m	u	t	i	g	w	u	t	t

Ergebnis:

unter 25 Adjektive: Es lohnt sich weiterzusuchen.
26–34 Adjektive: Mehr als die Hälfte ist entdeckt.
35–45 Adjektive: Gnork ist dir sehr dankbar!
mehr als 45 Adjektive: Du bist ein sehr guter Detektiv.

Erkennen von Adjektiven (Teil 2)

Die Wortarten

Grammatik

Erkennen von Adjektiven (Teil 2)

1. Umrande jedes Adjektiv und schreibe es heraus. Mache dabei die **Adjektiv-Probe: Steigere das Wort.**

waagerecht versteckte Adjektive:

1. arm (ärmer), schrecklich (schrecklicher)
2. krumm (krummer), bequem (bequemer)
3. schnell (schneller), klein (kleiner)
4. böse (böser), faul (fauler)
5. genau (genauer), steil (steiler)
6. treu (treuer)
7. fleißig (fleißiger)
8. starr (starrer)
10. schwer (schwerer), lebhaft (lebhafter)
11. nett (netter)
12. wild (wilder), fröhlich (fröhlicher)
13. groß (größer), dumm (dümmer)
14. schmutzig (schmutziger)
15. lustig (lustiger), müde (müder)
16. stark (stärker), mutig (mutiger)

senkrecht versteckte Adjektive:

1. kaputt (kaputter), eisig (eisiger)
2. reif (reifer), dicht (dichter), rau (rauer)
3. ruhig (ruhiger)
4. weit (weiter)
5. bitter (bitterer)
6. schön (schöner), hart (härter), eng (enger)
7. lieb (lieber), breit (breiter)
8. lang (länger), langsam (langsamer)
9. kalt (kälter), alt (älter)
10. sauber (sauberer)
12. leer (leerer)
14. laut (lauter)
15. krank (kränker), rank (ranker)
16. hungrig (hungriger), hoch (höher), gut (besser)

Grammatik

Die Wortarten

Verwendung von Nomen als Adjektive

Gnork hat zwei Pakete mit Adjektiven an seine Schwester und seinen Bruder auf seinen Heimatstern geschickt. Doch sie sind auf dem Postweg verloren gegangen. Gnork muss die Pakete noch einmal packen. Leider findet er zu Hause nur noch die dazugehörigen Nomen.

Hilf ihm die Nomen in Adjektive auf **-ig**, **-lich** und **-isch** umzuformen. Manchmal musst du das Ausgangswort etwas verändern, z. B. Glaube → gläubig.

Du hörst die richtige Endung, wenn du das Adjektiv steigerst.
Beispiel: Macht – mächtig – mächtiger.

Packe die Adjektive in die Pakete. Wenn du es richtig machst, passen alle hinein. Am besten schreibst du mit Bleistift, damit du radieren kannst.
(ä, ö, ü = 1 Buchstabe)

Weihnachten – Geiz – Woche – Gier – Aberglaube – Öl – Salz – Ordnung – Regen – Schrift – Krieger – Freund – Luft – Mord – Frieden – Teufel – Angabe (Prahlerei) – Schatten – Schmerz – Schwein

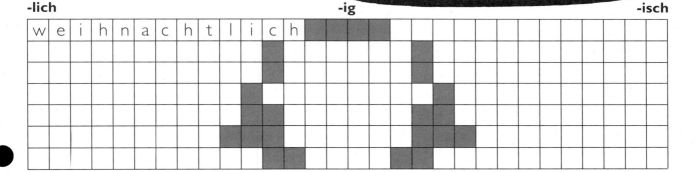

Himmel – Elektrizität – Ruhe – Eis – Feind – Dieb – Hügel – Tod – Herbst – Ehre – Eigensinn – Durst – Erde (ird...) – Komik – Mund

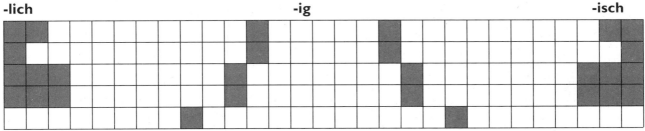

© Ernst Klett Verlag GmbH, Stuttgart 1995.

Die Wortarten
Verwendung von Nomen als Adjektive

Packe die Adjektive in die Pakete. Wenn du es richtig machst, passen alle hinein.

1. Paket:

-lich / -ig / -isch

- weihnachtlich, schriftlich, wöchentlich, ordentlich, freundlich, friedlich, schmerzlich
- geizig, gierig, schattig, salzig, luftig, ölig
- abergläubisch, kriegerisch, angeberisch, mörderisch, regnerisch, teuflisch, schweinisch

2. Paket:

-lich / -ig / -isch

- feindlich, herbstlich, ehrlich, tödlich, mündlich
- eisig, ruhig, durstig, hügelig, eigensinnig
- himmlisch, elektrisch, komisch, irdisch, diebisch

Grammatik

Die Wortarten

Adjektiv und Verb im Vergleich (wie/als)

Du kannst Eigenschaften und Tätigkeiten vergleichen. Dazu brauchst du die Konjunktionen *wie* und *als*. Wenn du das Wort *so* einsetzen kannst, musst du *wie* verwenden.
Beispiel: Sie ist (*so*) fleißig *wie* eine Biene.

1. Vergleiche menschliche Eigenschaften und Tätigkeiten mit denen der folgenden Tiere. Manchmal passen auch zwei Tiere.
Fisch – Bär – Schaf – Elefant – Hund – Murmeltier – Fuchs – Igel – Lamm – Gockel – Schnecke – Reh – Wolf – Frosch – Esel – Wiesel – Lerche – Affe – Hahn – Schlosshund – Rohrspatz – Ziege – Rabe

Vergleiche von Eigenschaften

1. Sie ist schlau _____
2. Er ist brummig _____
3. Er ist stumm _____
4. Sie ist hungrig _____
5. Sie ist flink _____
6. Er ist aufgeblasen _____
7. Er ist störrisch (stur) _____
8. Sie ist stachelig _____
9. Er ist langsam _____
10. Sie ist scheu _____
11. Er ist treu _____
12. Sie ist unschuldig _____
13. Sie ist tollpatschig _____
14. Er ist geduldig _____

Vergleiche von Tätigkeiten

1. Er schläft _____
2. Sie stiehlt _____
3. Er stolziert _____
4. Er schimpft _____
5. Er heult _____
6. Sie singt _____
7. Sie klettert _____
8. Er meckert _____

Wenn du unterschiedliche Dinge vergleichst, musst du die Konjunktion *als* verwenden, z. B. billiger *als*.

2. Vergleiche Mitschülerinnen und Mitschüler miteinander. Bilde zehn Sätze (keine bösartigen!) mit Vergleichen (z. B. besser als, höher als, mehr als, lieber als, schneller als ...).
Beispiel: Diese Jeans ist billiger als die von Oliver.

3. Sportfest
Schreibe die richtigen Vergleiche.

In diesem Jahr sind meine Leistungen besser __ im letzten. Ich bin zwar nur so schnell gelaufen __ bei den letzten Bundesjugendspielen, aber dafür bin ich 15 Zentimeter weiter gesprungen __ im Vorjahr. Beim Hochsprung habe ich die gleiche Höhe __ Markus erreicht, der normalerweise höher springt __ wir alle. Beim Schlagballweitwurf habe ich sogar weiter geworfen __ mein Freund Rolf. Es hat sich gelohnt, dass ich öfter __ die anderen trainiert habe. Ich werde in Zukunft so oft trainieren __ bisher.

Die Wortarten

Grammatik

Adjektiv und Verb im Vergleich (wie/als)

1. Vergleiche menschliche Eigenschaften und Tätigkeiten mit denen der folgenden Tiere. Manchmal passen auch zwei Tiere.

Vergleiche von Eigenschaften
1. Sie ist schlau wie ein Fuchs.
2. Er ist brummig wie ein Bär.
3. Er ist stumm wie ein Fisch.
4. Sie ist hungrig wie ein Bär (Wolf).
5. Sie ist flink wie ein Wiesel.
6. Er ist aufgeblasen wie ein Frosch.
7. Er ist störrisch (stur) wie ein Esel.
8. Sie ist stachelig wie ein Igel.
9. Er ist langsam wie eine Schnecke.
10. Sie ist scheu wie ein Reh.
11. Er ist treu wie ein Hund.
12. Sie ist unschuldig wie ein Lamm.
13. Sie ist tollpatschig wie ein Elefant.
14. Er ist geduldig wie ein Schaf.

Vergleiche von Tätigkeiten
1. Er schläft wie ein Murmeltier.
2. Sie stiehlt wie ein Rabe.
3. Er stolziert wie ein Hahn (Gockel).
4. Er schimpft wie ein Rohrspatz.
5. Er heult wie ein Schlosshund (Wolf).
6. Sie singt wie eine Lerche.
7. Sie klettert wie ein Affe.
8. Er meckert wie eine Ziege.

3. Schreibe die richtigen Vergleiche.

In diesem Jahr sind meine Leistungen **besser als** im letzten. Ich bin zwar nur **so schnell** gelaufen **wie** bei den letzten Bundesjugendspielen, aber dafür bin ich 15 Zentimeter **weiter** gesprungen **als** im Vorjahr. Beim Hochsprung habe ich die **gleiche Höhe wie** Markus erreicht, der normalerweise **höher** springt **als** wir alle. Beim Schlagballweitwurf habe ich sogar **weiter** geworfen **als** mein Freund Rolf. Es hat sich gelohnt, dass ich **öfter als** die anderen trainiert habe. Ich werde in Zukunft **so oft** trainieren **wie** bisher.

Grammatik

Die Wortarten

Nomen, Verb, Adjektiv

Die Wortartenschlange

Wenn du die Wortarten **Nomen**, **Verb** und **Adjektiv** gut kennst, kannst du die Wortartenschlange besiegen.
Nimm dir ein Feld nach dem anderen vor und bestimme die Wortart.

Beispiel: Ruhe: Nomen (die Ruhe)
ausruhen: Verb (ich ruhte mich aus)
ruhig: Adjektiv (ruhiger)

Hilf dir, indem du die passende Probe dazuschreibst:
1. beim Nomen: Artikel davor setzen (die Ruhe)
2. beim Verb: Vergangenheitsform bilden (ich ruhte mich aus)
3. beim Adjektiv: steigern (ruhiger)

Vergiss nicht die Nomen groß- und Verben und Adjektive kleinzuschreiben.

Felder der Schlange:
27. SEHNSÜCHTIG
26. OHRENARZT
25. KASSIEREN
24. ZOODIREKTOR
23. BEQUEM
22. STOPPSCHILD
21. APPETITLICH
20. WIDERLICH
19. FREUDE
18. MUT
17. EHRLICH
16. VERZEIHEN
15. LEICHTSINNIG
14. VOLLBRINGEN
13. FAHRRAD
12. MASCHINE
11. ENTSCHULDIGEN
10. RÄTSEL
9. HÜBSCH
8. ALT
7. FORDERN
6. GESPRÄCH
5. VERLETZEN
4. QUÄLEN
3. KAPUTT
2. GEFÄHRLICH
1. GEBURTSTAG

Kopiervorlage 13

Die Wortarten
Nomen, Verb, Adjektiv

Grammatik

Wenn du die Wortarten **Nomen**, **Verb** und **Adjektiv** gut kennst, kannst du die Wortartenschlange besiegen. Nimm dir ein Feld nach dem anderen vor und bestimme die Wortart.

1. der Geburtstag: Nomen
2. gefährlich (gefährlicher): Adjektiv
3. kaputt (kaputter): Adjektiv
4. quälen (ich quälte): Verb
5. verletzen (ich verletzte): Verb
6. das Gespräch: Nomen
7. fordern (ich forderte): Verb
8. alt (älter): Adjektiv
9. hübsch (hübscher): Adjektiv
10. das Rätsel: Nomen
11. entschuldigen (ich entschuldigte): Verb
12. die Maschine: Nomen
13. das Fahrrad: Nomen
14. vollbringen (ich vollbrachte): Verb
15. leichtsinnig (leichtsinniger): Adjektiv
16. verzeihen (ich verzieh): Verb
17. ehrlich (ehrlicher): Adjektiv
18. der Mut: Nomen
19. die Freude: Nomen
20. widerlich (widerlicher): Adjektiv
21. appetitlich (appetitlicher): Adjektiv
22. das Stoppschild: Nomen
23. bequem (bequemer): Adjektiv
24. der Zoodirektor: Nomen
25. kassieren (ich kassierte): Verb
26. der Ohrenarzt: Nomen
27. sehnsüchtig (sehnsüchtiger): Adjektiv

Grammatik **Die Wortarten**

Bestimmter Artikel

> Komisches Wort: Menschenaffen! Sind das Menschen oder Affen?

1. 1. Lies den Text laut.

Bei Menschenaffen

Gestern gingen wir mit Klasse in Zoo. Am besten gefiel uns Fütterung Menschenaffenkinder. Als Wärter mit Topf in Käfig kam, sperrten beiden Tiere erfreut Rachen weit auf. Aber Brei war noch zu heiß. Deshalb mussten sie zuerst noch warten. Endlich nahm Wärter Löffel aus Topf. Affenmädchen spitzte Lippen und blies vorsichtig auf dampfende Mahlzeit. Zufrieden schloss es Augen, kaute langsam und schluckte Brei genüsslich hinunter. Bruder bekam zweiten Löffel. Ganz gerecht ging Fütterung weiter. Aber Bruder Affenmädchens war viel gieriger, stopfte alles hastig in Maul und plärrte, wenn Schwester gefüttert wurde. Plötzlich biss er ihr in Bein, warf sich auf Rücken und strampelte wütend gegen Käfigboden.

Ohne Artikel klingen Nomen meistens unvollständig. Wenn du von einer bestimmten Person oder Sache sprichst, verwendest du den *bestimmten Artikel*:
der: **maskulin (männlich), z. B.** *der* **Lehrer**
die: **feminin (weiblich), z. B.** *die* **Ansagerin**
das: **neutral (sächlich), z. B.** *das* **Auto**
Im Satz kann sich der Artikel verändern, z. B.: *Die* **Hunde** *des* **Nachbarn beißen. Das gefällt** *dem* **Besitzer nicht.**

2. Schreibe den Text „Bei Menschenaffen" ab und ergänze dabei die fehlenden bestimmten Artikel.
   Beispiel: Bei den Menschenaffen

3. Unterstreiche die Artikel, die du eingesetzt hast.

4. Lege eine Tabelle an. Ordne die Nomen des Textes „Bei den Menschenaffen" nach ihrem Geschlecht im Singular ein.

maskulin (männlich)	feminin (weiblich)	neutral (sächlich)
der Menschenaffe		

2. Schreibe die folgenden Nomen mit ihrem bestimmten Artikel auf.
Fahndung, Hotel, Empfang, Experiment, Attentäter, Höhe, Arznei, Frühstück, Betrieb, Diebstahl, Entschluss

Die Wortarten

Bestimmter Artikel

1. 2. Schreibe den Text „Bei Menschenaffen" ab und ergänze dabei die fehlenden bestimmten Artikel.

3. Unterstreiche die Artikel, die du eingesetzt hast.

Bei den Menschenaffen

Gestern gingen wir mit der Klasse in den Zoo. Am besten gefiel uns die Fütterung der Menschenaffenkinder. Als der Wärter mit dem Topf in den Käfig kam, sperrten die beiden Tiere erfreut den Rachen weit auf. Aber der Brei war noch zu heiß. Deshalb mussten sie zuerst noch warten. Endlich nahm der Wärter den Löffel aus dem Topf. Das Affenmädchen spitzte die Lippen und blies vorsichtig auf die dampfende Mahlzeit. Zufrieden schloss es die Augen, kaute langsam und schluckte den Brei genüsslich hinunter. Der Bruder bekam den zweiten Löffel. Ganz gerecht ging die Fütterung weiter. Aber der Bruder des Affenmädchens war viel gieriger, stopfte alles hastig in das Maul und plärrte, wenn die Schwester gefüttert wurde. Plötzlich biss er ihr in das Bein, warf sich auf den Rücken und strampelte wütend gegen den Käfigboden.

4. Lege eine Tabelle an. Ordne die Nomen des Textes „Bei den Menschenaffen" nach ihrem Geschlecht im Singular ein.

maskulin (männlich)	feminin (weiblich)	neutral (sächlich)
der Menschenaffe	die Klasse	das Menschenaffenkind
der Zoo	die Fütterung	das Tier
der Wärter	die Lippe	das Affenmädchen
der Topf	die Mahlzeit	das Auge
der Käfig	die Schwester	das Maul
der Rachen		das Bein
der Brei		
der Löffel		
der Bruder		
der Rücken		
der Käfigboden		

2. Schreibe die folgenden Nomen mit ihrem bestimmten Artikel auf.
die Fahndung, das Hotel, der Empfang, das Experiment, der Attentäter, die Höhe, die Arznei, das Frühstück, der Betrieb, der Diebstahl, der Entschluss

Grammatik **Die Wortarten**

Unbestimmter Artikel

1. Schreibe den Text mit den passenden bestimmten oder unbestimmten Artikeln ab. Wenn du unsicher bist, können dir die Tipps zum bestimmten und unbestimmten Artikel helfen.

Eine seltsame Meerjungfrau

Tief unten in Meeresbucht hinter Klippe lebt seltsame Meerjungfrau. Ihre Wohnung liegt versteckt in Grotte. Immer wenn Sonne untergeht, taucht sie auf, setzt alten Hut auf, stößt schrillen Schrei aus und tanzt mit Schildkröte wilden Tanz. Warum nur?! Nach tränenreichen Abschied von Schildkröte klettert sie auf Wal und lässt sich von ihm zu Sandbank bringen. Warum nur?! Kurz bevor Sonne aufgeht, lässt sie sich mit gleitenden Bewegung in Wasser hinab und schwimmt in Grotte zurück. Warum nur?! Seepferdchen beobachtet sie und macht sich seine Gedanken.

Der *unbestimmte Artikel* steht vor einem nicht genau bestimmten Nomen, z. B.: Ich sah plötzlich *ein* Schwein.

2. Abc der Tiere

1. Ordne die folgenden Tiere nach dem Alphabet. Streiche immer die verwendeten Wörter durch.
Igel – Eidechse – Zebra – Chamäleon – Floh – Vogel – Maus – Qualle – Dachs – Giraffe – Uhu – Wolf – Biber – Ameise – Laus – Jaguar – Tiger – Ohrwurm – Reh – Schaf – Papagei – Nashorn – Kamel – Hund

2. Lege eine Tabelle an und sortiere die Tiere nach ihrem Geschlecht. Füge den unbestimmten Artikel hinzu.

maskulin (männlich)	feminin (weiblich)	neutral (sächlich)
	eine Ameise	

3. Tragt weitere Tiere mit unbestimmtem Artikel – jetzt im **Dativ** (3. Fall) – in diese Tabelle ein. Den richtigen Fall findet ihr, wenn ihr „*Ich helfe* (einem Wal, einer Taube)" vor Artikel und Nomen setzt.
Tiere, die die Partnerin oder der Partner nicht hat, zählen doppelt.

maskulin (männlich)	feminin (weiblich)	neutral (sächlich)
einem Wal	einer Taube	einem Krokodil

© Ernst Klett Verlag GmbH, Stuttgart 1995.
Von dieser Druckvorlage ist die Vervielfältigung für den eigenen Unterrichtsgebrauch gestattet.
Die Kopiergebühren sind abgegolten.

Kopiervorlage

Die Wortarten
Unbestimmter Artikel

1. Schreibe den Text mit den passenden bestimmten oder unbestimmten Artikeln ab.

Eine seltsame Meerjungfrau

Tief unten in **einer** Meeresbucht hinter **einer** Klippe lebt **eine** seltsame Meerjungfrau. Ihre Wohnung liegt versteckt in **einer** Grotte. Immer wenn **die** Sonne untergeht, taucht sie auf, setzt **einen** alten Hut auf, stößt **einen** schrillen Schrei aus und tanzt mit **einer** Schildkröte **einen** wilden Tanz.
Warum nur?!
Nach **einem** tränenreichen Abschied von **der** Schildkröte klettert sie auf **einen** Wal und lässt sich von ihm zu **einer** Sandbank bringen.
Warum nur?!
Kurz bevor **die** Sonne aufgeht, lässt sie sich mit **einer** gleitenden Bewegung in **das** Wasser hinab und schwimmt in **die** Grotte zurück.
Warum nur?!
Ein Seepferdchen beobachtet sie und macht sich seine Gedanken.

2. Abc der Tiere

1. Ordne die folgenden Tiere nach dem Alphabet.

   Ameise – Biber – Chamäleon – Dachs – Eidechse – Floh – Giraffe – Hund – Igel – Jaguar – Kamel – Laus – Maus – Nashorn – Ohrwurm – Papagei – Qualle – Reh – Schaf – Tiger – Uhu – Vogel – Wolf – Zebra

2. Lege eine Tabelle an und sortiere die Tiere nach ihrem Geschlecht. Füge den unbestimmten Artikel hinzu.

maskulin (männlich)	feminin (weiblich)	neutral (sächlich)
ein Biber	eine Ameise	ein Chamäleon
ein Dachs	eine Eidechse	ein Kamel
ein Floh	eine Giraffe	ein Nashorn
ein Hund	eine Laus	ein Reh
ein Igel	eine Maus	ein Schaf
ein Jaguar	eine Qualle	ein Zebra
ein Ohrwurm		
ein Papagei		
ein Tiger		
ein Uhu		
ein Vogel		
ein Wolf		

Grammatik **Die Wortarten**

Nomen, Verb, Adjektiv, Artikel

 1. Sicher kennst du das Spiel „Stadt – Land – Fluss".

„Nomen – Verb – Adjektiv" geht ebenso:
Ein Spielpartner sagt unhörbar das Alphabet auf, bis ihn sein linker Nachbar unterbricht. Mit diesem Buchstaben sollen nun alle Mitspieler ein Nomen, ein Verb und ein Adjektiv finden. Nur bei C, X und Y wird das Alphabet neu begonnen.

Nomen	Verb	Adjektiv	Punkte
Gummibärchen	gewinnen	gut	

Bewertung als Partnerspiel (Punkte pro richtiges Wort):
15 Punkte, wenn man als Einziger eine richtige Lösung hat.
10 Punkte für alle unterschiedlichen richtigen Lösungen.
 5 Punkte für alle gleichen richtigen Lösungen.

2. Bist du ein

Oberwortbildungsspezialist?

Aus den Buchstaben von *Oberwortbildungsspezialist* kannst du viele Wörter bilden. Du darfst allerdings jeden Buchstaben höchstens so oft verwenden, wie er im Ausgangswort *Oberwortbildungsspezialist* vorkommt.

1. Suche möglichst viele Wörter.
   Beispiel: Brille, Ball, Zelt
   falsch: Hemd

2. Zähle deine Wörter und beurteile dich nun selber.

0– 9 Wörter:	Ich glaube, du brauchst eine Brille!
10–19 Wörter:	Es lohnt sich weiterzusuchen!
20–29 Wörter:	Als Goldgräber würdest du wenigstens nicht verhungern!
30–39 Wörter:	Aus dir kann noch etwas werden!
40–49 Wörter:	Talent hast du!
50–59 Wörter:	Die Vizemeisterschaft ist auch eine Leistung!
ab 60 Wörtern:	Du bist ein Oberwortbildungsspezialist!

3. Schreibe aus deiner Wörtersammlung Nomen, Verben, Adjektive, bestimmte und unbestimmte Artikel heraus.
   Beispiel: Nomen: Brille, …, Verben: reiben, …, Adjektive: rund, …

© Ernst Klett Verlag GmbH, Stuttgart 1995.
Von dieser Druckvorlage ist die Vervielfältigung für den eigenen Unterrichtsgebrauch gestattet.
Die Kopiergebühren sind abgegolten.

Die Wortarten
Nomen, Verb, Adjektiv, Artikel

1. „Nomen – Verb – Adjektiv"

Nomen	Verb	Adjektiv
Affe	anstreichen	angeberisch
Boxhandschuhe	bellen	blond
Dach	danken	dumm
Eigentor	erben	ekelhaft
Freikarte	forschen	friedlich
Gummibärchen	gewinnen	gut
Hundekuchen	hauen	heiser
Igel	impfen	interessant
Jacke	jaulen	jugendlich
Kaugummi	kraulen	kalt
Lippenstift	lügen	lahm
Mode	malen	mutig
Nummer	nähen	nett
Opa	opfern	orange
Pinsel	prasseln	platt
Quatsch	quieken	qualvoll
Regen	rasen	rund
Strickzeug	suchen	satt
Tinte	tauchen	tüchtig
Uhr	umdrehen	unverschämt
Vase	verrechnen	verrückt
Wellensittich	weinen	wahnsinnig
Zahnschmerzen	ziehen	zart

2. 1. Richtige Wörter:
alt, Art, Ast, Auto, bald, Ball, Bar, Bart, Bast, Beil, Bett, Bier, Biest, Bild, bist, blind, Braten, Brei, Brett, Brille, Brot, Bund, Bus, das, dein, der, die, dort, ein, eine, Eis, Essig, Gast, Gestalt, gesund, Glas, grau, Grund, Gurt, gut, Gut, ist, Labor, Land, Last, Latte, Leib, Leid, Leiste, Lid, lieb, List, Liste, Lunge, Lust, Nabel, Nase, Nest, nett, Netz, neu, nur, Ort, Pelz, platt, Rabe, Rad, Rasen, Rast, Rat, Ratte, Reis, Rest, Rind, Rolle, Rost, rot, rund, Rute, Sand, satt, Seil, sein, sie, Silbe, Silber, sind, Solist, Sorte, Spalte, Spiel, Spitze, Sport, Stab, Stand, Star, Stier, Stunde, Tal, Tante, Taste, Tau, Teig, Teil, Tier, Titel, Torte, tot, Tour, treu, Trieb, und, Waise, Wal, Wald, Wand, Watte, weil, Wein, Welt, wild, Wind, wir, Wort, wund, Wut, zart, Zaun, Zeit, Zelt, Ziel, Zug, Zunge

3. Möglichkeiten:
Nomen: Eis, Wein, Titel, Ast, Bast, Rest, Reis, Biest, Tante, Star, Stier, Liste …
Verben: eilen, lesen, rasen, bilden, …; **Adjektive:** bunt, weit, breit, lang, …
bestimmte Artikel: der, die, das; **unbestimmte Artikel:** ein, eine

Grammatik **Die Wortarten**

Personalpronomen

1. 1. Lies die Eulenspiegelgeschichte laut.

Till Eulenspiegel in der Schule

Mit sechs Jahren kam Till in die Schule. Till hatte sich eigentlich darauf gefreut. Aber schon immer war Till die Arbeit sehr unangenehm. Nach wenigen Tagen gab die Lehrerin, Frau Klein, die ersten Hausaufgaben auf. Die Lehrerin sagte zu den Schülern: „Die Lehrerin möchte, dass die Schüler sich Mühe geben. Nur so können die Lehrerin und die Klasse gut weiterkommen."
Am nächsten Tag erschien Till ohne Aufgaben. Till hatte die Aufgaben vergessen. Die Lehrerin schimpfte Till wütend aus: „Till muss die Aufgaben machen. Die Lehrerin gibt Till noch eine Strafarbeit dazu. Wenn Till das wieder nicht macht, muss Till nachsitzen. Schreib Till das hinter die Ohren!"
Am nächsten Morgen wollte die Lehrerin das Heft sehen. Till strich sich die Haare aus dem Gesicht und meinte: „Hinter den Ohren stehen die Aufgaben. Dorthin sollte Till die Aufgaben ja schreiben." Da schmiss die Lehrerin Till wütend aus der Klasse. Till ließ sich nie wieder in einer Schule blicken.

(nach einem Schüleraufsatz, 6. Klasse)

2. Verbessere den Aufsatz, indem du Personalpronomen verwendest. Manchmal musst du auch die Verbform verändern.
   Beispiel: Eulenspiegel sagt: „Eulenspiegel hält den Menschen einen Spiegel vor."
   Verbesserung:
   Eulenspiegel sagt: „Ich halte den Menschen einen Spiegel vor."

3. Unterstreiche in deinem Text die Personalpronomen.

2. Schreibe aus dem Gedicht alle Personalpronomen heraus. Zähle auch die Wiederholungen. Wie viele Personalpronomen sind es insgesamt?

Rechtschreibung?
Das Wort Ich wird zu stark betont
und steht zu oft am Anfang.
Aber wie soll es anders sein?
Lernten wir in der Schule nicht:
Ich, du, er, sie, es, wir, ihr, sie:
Lasst uns das Wir mehr nach vorne rücken!

Kurt Küther, in: Poesiekiste! Hg. Hugo Ernst Käufer. Wuppertal: Hammer 1973.

Die Wortarten

Grammatik

Personalpronomen

1. 2. Verbessere den Aufsatz, indem du Personalpronomen verwendest. Manchmal musst du auch die Verbform verändern.

3. Unterstreiche in deinem Text die Personalpronomen.

Till Eulenspiegel in der Schule

Mit sechs Jahren kam Till in die Schule. <u>Er</u> hatte sich eigentlich darauf gefreut. Aber schon immer war <u>ihm</u> die Arbeit sehr unangenehm. Nach wenigen Tagen gab die Lehrerin, Frau Klein, die ersten Hausaufgaben auf. <u>Sie</u> sagte zu den Schülern: „<u>Ich</u> möchte, dass <u>ihr</u> euch Mühe gebt. Nur so können <u>wir</u> gut weiterkommen."
Am nächsten Tag erschien Till ohne Aufgaben. <u>Er</u> hatte <u>sie</u> vergessen. Die Lehrerin schimpfte <u>ihn</u> wütend aus: „<u>Du</u> musst die Aufgaben machen. <u>Ich</u> gebe <u>dir</u> noch eine Strafarbeit dazu. Wenn <u>du</u> das wieder nicht machst, musst <u>du</u> nachsitzen. Schreib <u>dir</u> das hinter die Ohren!"
Am nächsten Morgen wollte <u>sie</u> das Heft sehen. Till strich sich die Haare aus dem Gesicht und meinte: „Hinter den Ohren stehen die Aufgaben. Dorthin sollte <u>ich</u> <u>sie</u> ja schreiben." Da schmiss <u>sie</u> <u>ihn</u> wütend aus der Klasse. <u>Er</u> ließ sich nie wieder in einer Schule blicken.

2. Schreibe aus dem Gedicht alle Personalpronomen heraus. Zähle auch die Wiederholungen. Wie viele Personalpronomen sind es insgesamt?

Personalpronomen:
ich, es, wir, ich, du, er, sie, es, wir, ihr, sie, uns, wir

Das Gedicht enthält 13 Personalpronomen.

Grammatik

Die Wortarten

Deklination des Personalpronomens

1. In den folgenden Sätzen fehlen die Personalpronomen.
  1. Schreibe die Sätze mit den Personalpronomen auf. Unterstreiche sie.
     (maskulin = männlich, feminin = weiblich, neutral = sächlich)
     Beispiel: Wir haben __ mit Schneebällen beworfen.
     (2. Pers. Plural, Akkusativ)
     Wir haben <u>euch</u> mit Schneebällen beworfen.
  2. Wenn du die richtigen Personalpronomen herausgefunden hast, passen sie in das Kreuzworträtsel.

waagerecht:

3. Gefällt __ das Geschenk? (2. Pers. Sing., Dativ)
4. Leise näherte er sich __. (3. Pers. Sing., feminin, Dativ)
5. Wir begrüßten __ lautstark. (3. Pers. Pl., Akkusativ)
7. __ bremste sofort. (3. Pers. Sing., maskulin, Nominativ)
8. Ein Uhu erschreckte __. (1. Pers. Pl., Akkusativ)
9. Ich traue __ nicht. (3. Pers. Sing., maskulin, Dativ)
11. __ mag gerne Spaghetti. (1. Pers. Sing., Nominativ)
12. __ hast dich gut versteckt. (2. Pers. Sing., Nominativ)
13. Der Trainer gab __ den Tipp. (1. Pers. Sing., maskulin, Dativ)
15. Die Einheimischen halfen __. (3. Pers. Pl., Dativ)

senkrecht:

1. Ich hörte __ kommen. (3. Pers. Sing., feminin, Akkusativ)
2. __ sausten sofort los. (1. Pers. Pl., Nominativ)
3. Wir kennen __ nicht. (2. Pers. Sing., Akkusativ)
6. Er besucht __ heute. (2. Pers. Pl., Akkusativ)
7. __ geschah gestern. (3. Pers. Sing., neutral, Nominativ)
9. __ habt mich geweckt. (2. Pers. Pl., Nominativ)
10. Eva hat __ beleidigt. (1. Pers. Sing., Akkusativ)
14. Warum hast du __ belogen? (3. Pers. Sing., maskulin, Akkusativ)

2. Eine schwierige Aufgabe: Versuche selbst so ein Personalpronomenrätsel zu schreiben.

© Ernst Klett Verlag GmbH, Stuttgart 1995.
Von dieser Druckvorlage ist die Vervielfältigung für den eigenen Unterrichtsgebrauch gestattet.
Die Kopiergebühren sind abgegolten.

Die Wortarten
Deklination des Personalpronomens

1. In den folgenden Sätzen fehlen die Personalpronomen.

1. Schreibe die Sätze mit den Personalpronomen auf. Unterstreiche sie.
2. Wenn du die richtigen Personalpronomen herausgefunden hast, passen sie in das Kreuzworträtsel.

waagerecht:

3. Gefällt <u>dir</u> das Geschenk?
4. Leise näherte er sich <u>ihr</u>.
5. Wir begrüßten <u>sie</u> lautstark.
7. <u>Er</u> bremste sofort.
8. Ein Uhu erschreckte <u>uns</u>.
9. Ich traue <u>ihm</u> nicht.
11. <u>Ich</u> mag gerne Spaghetti.
12. <u>Du</u> hast dich gut versteckt.
13. Der Trainer gab <u>mir</u> den Tipp.
15. Die Einheimischen halfen <u>ihnen</u>.

senkrecht:

1. Ich hörte <u>sie</u> kommen.
2. <u>Wir</u> sausten sofort los.
3. Wir kennen <u>dich</u> nicht.
6. Er besucht <u>euch</u> heute.
7. <u>Es</u> geschah gestern.
9. <u>Ihr</u> habt mich geweckt.
10. Eva hat <u>mich</u> beleidigt.
14. Warum hast du <u>ihn</u> belogen?

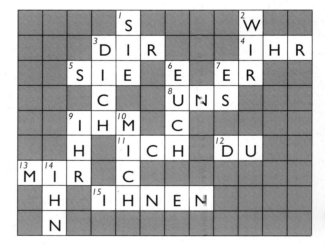

Grammatik

Die Wortarten

Possessivpronomen

1. Du hast sicher viele Verwandte. Erkläre: Onkel, Kusine, Großvater, Enkel, Schwägerin, Neffe, Schwester.
   Beispiel: Der Schwiegersohn ist der Mann der Tochter.

2. Alexander Wagner ist zehn Jahre alt. Er hat eine Kusine, die Kerstin heißt, und einen Vetter namens Jan. Alexander, Kerstin und Jan haben noch weitere Verwandte. Du erfährst ihre Namen aus dem Stammbaum.

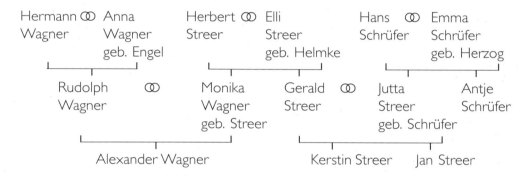

Schreibe die Sätze mit den Possessivpronomen (mein …).
Beispiel: Herbert Streer sagt über Jutta Streer: „Sie ist meine Schwiegertochter."

Sieh genau hin: In manchen Sätzen reden sich die Verwandten direkt an (z.B. dein Bruder). In anderen Sätzen sprechen sie über sich (z.B. ihr Bruder).

1. Kerstin Streer sagt zu Alexander Wagner:
   „Monika Wagner ist _____ Mutter."
2. Hermann Wagner sagt von Herbert Streer:
   „Elli Streer ist _____ Frau."
3. Rudolph Wagner sagt über Gerald Streer:
   „Er ist _____ Schwager."
4. Jan Streer sagt von sich und seiner Schwester Kerstin:
   „Hans und Emma Schrüfer sind _____ Großeltern."
5. Alexander Wagner sagt über Kerstin Streer:
   „Kerstin ist _____ Kusine."
6. Rudolph Wagner sagt zu Monika Wagner und Gerald Streer:
   „Herbert Streer ist _____ Vater."
7. Alexander Wagner spricht von Hans Schrüfer und Emma Schrüfer:
   „Antje Schrüfer ist _____ Tochter."
8. Gerald Streer sagt von Antje Schrüfer:
   „Jan ist _____ Neffe."
9. Elli und Herbert Streer sagen von Jutta Streer:
   „Jutta ist _____ Schwiegertochter."

3. Zeichne deinen Stammbaum. Befrage deine Familie.

Die Wortarten

Possessivpronomen

1. Du hast sicher viele Verwandte. Erkläre:
Onkel, Kusine, Großvater, Enkel, Schwägerin, Neffe, Schwester.

Der Onkel ist der Bruder der Mutter oder des Vaters.
Die Kusine ist die Tochter der Schwester oder des Bruders der Mutter oder des Vaters.
Der Großvater ist der Vater der Mutter oder des Vaters.
Der Enkel ist der Sohn des Sohns oder der Tochter.
Die Schwägerin ist die Frau des Bruders oder die Frau des Bruders des Ehemannes.
Der Neffe ist der Sohn der Schwester oder des Bruders.
Die Schwester ist die Tochter der Eltern.

2. Schreibe die Sätze mit den Possessivpronomen.

1. „Monika Wagner ist **deine** Mutter."
2. „Elli Streer ist **seine** Frau."
3. „Er ist **mein** Schwager."
4. „Hans und Emma Schrüfer sind **unsere** Großeltern."
5. „Kerstin ist **meine** Kusine."
6. „Herbert Streer ist **euer** Vater."
7. „Antje Schrüfer ist **ihre** Tochter."
8. „Jan ist **ihr** Neffe."
9. „Jutta ist **unsere** Schwiegertochter."

Grammatik — **Die Wortarten**

Personal- und Possessivpronomen

 Finde im Gespräch zwischen Asterix und Obelix die Personal- und Possessivpronomen heraus. Trage sie in der richtigen Spalte ein.

	Personal- pronomen	Possessiv- pronomen
Asterix: Für heute Abend habe **ich unseren** Häuptling Majestix zum Essen eingeladen. Er isst so gerne Wildschweinkoteletts.	ich	unseren
Obelix: Wir haben aber nicht mehr so viele Wildschweinkoteletts. Wenn du unseren Häuptling einlädst, musst du ihm auch von deinen Koteletts abgeben. Ich esse auf jeden Fall meine Koteletts selber. Euer Essen ist deine Angelegenheit.		
Asterix: Du bist aber nicht besonders nett zu unserem Häuptling. Erst letzte Woche hat er dir von seinem Wildschweinschinken abgegeben.		
Obelix: Das war doch selbstverständlich. Schließlich bin ich in unserem Dorf der Wildschweinjäger. Also ist es eigentlich auch mein Wildschweinschinken.		
Asterix: Willst du damit sagen, dass meine Wildschweinkoteletts in unserer Speisekammer gar nicht meine Wildschweinkoteletts sind?		
Obelix: Doch, sie gehören schon dir. Aber schließlich kann jeder seine Wildschweinkoteletts nur einmal aufessen. Aber du bist ja mein bester Freund. Und deshalb gehe ich jetzt in den Wald und fange uns noch ein paar Wildschweine. Dann haben wir für dich, für mich und für unseren Häuptling genügend Wildschweinkoteletts.		

Die Wortarten

Grammatik

Personal- und Possessivpronomen

Finde im Gespräch zwischen Asterix und Obelix die Personal- und Possessivpronomen heraus. Trage sie in der richtigen Spalte ein.

	Personal-pronomen	Possessiv-pronomen
Asterix: Für heute Abend habe **ich unseren** Häuptling Majestix zum Essen eingeladen. **Er** isst so gerne Wildschweinkoteletts.	ich er	unseren
Obelix: **Wir** haben aber nicht mehr so viele Wildschweinkoteletts. Wenn **du unseren** Häuptling einlädst, musst **du ihm** auch von **deinen** Koteletts abgeben. **Ich** esse auf jeden Fall **meine** Koteletts selber. **Euer** Essen ist **deine** Angelegenheit.	wir du du, ihm ich	unseren deinen meine euer, deine
Asterix: **Du** bist aber nicht besonders nett zu **unserem** Häuptling. Erst letzte Woche hat **er dir** von **seinem** Wildschweinschinken abgegeben.	du er, dir	unserem seinem
Obelix: Das war doch selbstverständlich. Schließlich bin **ich** in **unserem** Dorf der Wildschweinjäger. Also ist **es** eigentlich auch **mein** Wildschweinschinken.	ich es	unserem mein
Asterix: Willst **du** damit sagen, dass **meine** Wildschweinkoteletts in **unserer** Speisekammer gar nicht **meine** Wildschweinkoteletts sind?	du	meine unserer meine
Obelix: Doch, **sie** gehören schon **dir**. Aber schließlich kann jeder **seine** Wildschweinkoteletts nur einmal aufessen. Aber **du** bist ja **mein** bester Freund. Und deshalb gehe **ich** jetzt in den Wald und fange **uns** noch ein paar Wildschweine. Dann haben **wir** für **dich**, für **mich** und für **unseren** Häuptling genügend Wildschweinkoteletts.	sie, dir du ich uns wir, dich, mich	seine mein unseren

G 20 *Lösung*

Grammatik **Die Wortarten**

Präposition (Teil 1)

1. Man kann mit wenigen Linien einen Elefanten malen. Zeichne einen Elefanten entweder **auf** dem Tisch, **unter** dem Tisch oder **neben** dem Tisch.

Präpositionen gehören meist zu einer Ortsangabe (*auf* dem Tisch), einer Zeitangabe (*seit* den Ferien) oder zur Angabe eines Grundes (*wegen* der Hitze).
Du erkennst sie leicht durch die *Präpositions-Probe:* Prüfe, ob du das Wort *direkt vor Artikel und Nomen* stellen kannst.
Beispiel: Ich wohne *neben einem Geschäft.*

2. Erfolgreiche Fußballer

Seit Beginn des Schuljahrs hat die Schulmannschaft durch ihre gute Kondition und Einsatzbereitschaft jedes Fußballspiel gewonnen. Vor den Sommerferien waren bei ihr Niederlagen an der Tagesordnung. Viele trafen sich während der Ferien regelmäßig zum Training. Wir hoffen, dass sie nach der Saison aufsteigt!

Unterstreiche die **Präpositionen**. Es sind acht (zum = zu dem).

3. Wer findet die meisten der 23 verschiedenen Präpositionen?
Zwei Präpositionen kommen zweimal vor.

1. Rahme die waagerecht und senkrecht versteckten Präpositionen ein und schreibe sie heraus.
2. Mache zur Sicherheit jedes Mal wie im Tipp schriftlich die **Präpositions-Probe**.
   Beispiel: Ich fahre mit dem Bus.

	1	2	3	4	5	6	7	8	9	10	11	12	13	14	15	16	17
1	N	E	B	E	N	I	Q	O	Z	L	A	U	F	K	O	V	F
2	A	B	E	N	A	W	Ä	H	R	E	N	D	L	Ö	W	O	H
3	Z	W	I	S	C	H	E	N	M	A	I	U	N	T	E	R	I
4	U	N	D	E	H	A	I	E	H	F	Ü	R	G	E	G	E	N
5	B	U	S	M	F	S	O	P	L	B	B	C	U	S	E	I	T
6	A	U	S	I	H	U	M	C	K	S	E	H	B	I	N	L	E
7	B	E	T	T	E	L	H	T	W	A	R	D	E	R	L	M	R

Die Wortarten

Präposition (Teil 1)

2. Unterstreiche die **Präpositionen**. Es sind acht.

Erfolgreiche Fußballer

<u>Seit</u> Beginn des Schuljahrs hat die Schulmannschaft <u>durch</u> ihre gute Kondition und Einsatzbereitschaft jedes Fußballspiel gewonnen. <u>Vor</u> den Sommerferien waren <u>bei</u> ihr Niederlagen <u>an</u> der Tagesordnung. Viele trafen sich <u>während</u> der Ferien regelmäßig <u>zum</u> Training. Wir hoffen, dass sie <u>nach</u> der Saison aufsteigt!

3. Wer findet die meisten der 23 verschiedenen Präpositionen?
Zwei Präpositionen kommen zweimal vor.

1. Rahme die waagerecht und senkrecht versteckten Präpositionen ein und schreibe sie heraus.

   waagerecht:
   1. neben, auf 2. ab, während 3. zwischen, unter 4. für, gegen
   5. seit 6. aus, um, in

   senkrecht:
   1. zu, ab 3. bei 4. mit 5. nach 8. ohne 11. an, über 12. durch
   15. wegen 16. vor 17. hinter, in

2. Mache zur Sicherheit jedes Mal wie im Tipp schriftlich die **Präpositions-Probe**.

   Mögliche Antworten:
   waagerecht:
   neben der Schule, auf dem Balkon, ab dem nächsten Jahr, während des Unterrichts, zwischen den Gebäuden, unter dem Fenster, für meine Eltern, gegen das Tor, seit dem Geburtstag, aus der Mülltonne, um die Terrasse, in dem Gasthof

   senkrecht:
   zu der Tante, bei den Tieren, mit den Freundinnen, nach der Krankheit, ohne die Jacke, an das Weihnachtsfest, über die Treppe, durch die Sonne, wegen der Oma, vor dem Kino, hinter dem See

Grammatik **Die Wortarten**

Präposition (Teil 2)

1. Du bist Berater in einem Möbelhaus und sollst dieses Zimmer mit den abgebildeten Gegenständen einrichten.

1. Schreibe das Beratungsgespräch mit dem Kunden auf. Verwende dabei die Präpositionen *an, vor, auf, neben, hinter, in, zwischen, unter* und *über*.
2. Unterstreiche die Präpositionen in deinem Text.
   Beispiel: Das Bett stellen wir <u>vor</u> das linke Fenster.

2. Unterstreiche die Präpositionen – es sind 20! Mache, wenn du dich unsicher fühlst, die **Präpositions-Probe: Setze eine Präposition vor Artikel und Nomen.** Auch *am* und *ins* enthalten Präpositionen (am = an dem Berg, ins = in das Haus).

Ein ganz besonderes Haustier

Sicher habt ihr an Katzen, Hunden, Goldhamstern und Wellensittichen Spaß. Aber hättet ihr es auch gern, wenn eine Schlange zu eurer Familie gehörte? Bei der Studentin Franziska Schmidt lebt seit einem Jahr die Riesenschlange Rhaba zwischen den Wohnzimmermöbeln.
Während dieser Zeit haben alle die Boa constrictor ins Herz geschlossen. Jeden Tag darf sich Rhaba um Franziskas Unterarm wickeln. Dann kriecht sie langsam über den ganzen Arm. Zum Schluss legt sie sich geschmeidig um ihre Schultern. Die Schlange wird mit lebenden Ratten gefüttert. Wenn die Ratte in den Käfig kommt, stürzt sich Rhaba blitzschnell auf sie, wickelt sich um sie und erwürgt sie. Wenn sie „erwachsen" ist, muss man sie mit Kaninchen und Hühnern füttern. Eine Riesenschlange ist nicht giftig. Sie ist auch am Verzehr von Zweibeinern nicht interessiert. Die Familie bleibt trotzdem vorsichtig: Rhaba darf nur aus dem Terrarium heraus und sich um den Hals ihrer Besitzerin legen, wenn noch eine zweite Person in der Nähe ist.

Die Wortarten
Präposition (Teil 2)

2. Unterstreiche die Präpositionen – es sind 20! Mache, wenn du dich unsicher fühlst, die **Präpositions-Probe: Setze eine Präposition vor Artikel und Nomen.** Auch *am* und *ins* enthalten Präpositionen (am = an dem Berg, ins = in das Haus).

Ein ganz besonderes Haustier

Sicher habt ihr <u>an</u> Katzen, Hunden, Goldhamstern und Wellensittichen Spaß. Aber hättet ihr es auch gern, wenn eine Schlange <u>zu</u> eurer Familie gehörte? <u>Bei</u> der Studentin Franziska Schmidt lebt <u>seit</u> einem Jahr die Riesenschlange Rhaba <u>zwischen</u> den Wohnzimmermöbeln.
<u>Während</u> dieser Zeit haben alle die Boa constrictor <u>ins</u> Herz geschlossen. Jeden Tag darf sich Rhaba <u>um</u> Franziskas Unterarm wickeln. Dann kriecht sie langsam <u>über</u> den ganzen Arm. Zum Schluss legt sie sich geschmeidig <u>um</u> ihre Schultern.
Die Schlange wird <u>mit</u> lebenden Ratten gefüttert. Wenn die Ratte <u>in</u> den Käfig kommt, stürzt sich Rhaba blitzschnell <u>auf</u> sie, wickelt sich <u>um</u> sie und erwürgt sie. Wenn sie „erwachsen" ist, muss man sie <u>mit</u> Kaninchen und Hühnern füttern.
Eine Riesenschlange ist nicht giftig. Sie ist auch <u>am</u> Verzehr <u>von</u> Zweibeinern nicht interessiert. Die Familie bleibt trotzdem vorsichtig: Rhaba darf nur <u>aus</u> dem Terrarium heraus und sich <u>um</u> den Hals ihrer Besitzerin legen, wenn noch eine zweite Person <u>in</u> der Nähe ist.

Grammatik

Die Wortarten

Nomen, Verb, Adjektiv, Artikel, Präposition, Personal- und Possessivpronomen (Teil 1)

Auf Burg Rabenfels feiern die Gespenster mit einer Party den Beginn der Herbststürme. Auch Gespenster haben ihre Gesprächsthemen!

Nimm dir die Sprechblasen der Reihe nach vor. Bestimme bei jedem Wort die Wortart.

Beispiel: 1. Der: bestimmter Artikel
2. Burgherr: ...

Als Wortarten kommen vor: Nomen – Verb – Adjektiv – bestimmter Artikel – unbestimmter Artikel – Präposition – Personalpronomen – Possessivpronomen.

1. Der Burgherr zittert vor Angst.
2. Er bekam einen riesigen Schreck bei unserem Anblick.
3. Zur Geisterstunde erschrecken wir die Gäste des Schlossherrn.
4. Berührt sie mit euren eisigen Händen!
5. Deine Tante verlor beim Flug über den Friedhof ihren besten Umhang.
6. Sie entdeckte ihn nach langer Suche am Wetterhahn eines Kirchturms.

Die Wortarten

Grammatik

Nomen, Verb, Adjektiv, Artikel, Präposition, Personal- und Possessivpronomen (Teil 1)

1. Der: bestimmter Artikel
   zittert: Verb
   Angst: Nomen
   Burgherr: Nomen
   vor: Präposition

2. Er: Personalpronomen
   einen: unbestimmter Artikel
   Schreck: Nomen
   unserem: Possessivpronomen
   bekam: Verb
   riesigen: Adjektiv
   bei: Präposition
   Anblick: Nomen

3. Zur: Präposition + bestimmter Artikel
   erschrecken: Verb
   die: bestimmter Artikel
   des: bestimmter Artikel
   Geisterstunde: Nomen
   wir: Personalpronomen
   Gäste: Nomen
   Schlossherrn: Nomen

4. Berührt: Verb
   mit: Präposition
   eisigen: Adjektiv
   sie: Personalpronomen
   euren: Possessivpronomen
   Händen: Nomen

5. Deine: Possessivpronomen
   verlor: Verb
   Flug: Nomen
   den: bestimmter Artikel
   ihren: Possessivpronomen
   Umhang: Nomen
   Tante: Nomen
   beim: Präposition + bestimmter Artikel
   über: Präposition
   Friedhof: Nomen
   besten: Adjektiv

6. Sie: Personalpronomen
   ihn: Personalpronomen
   langer: Adjektiv
   am: Präposition + bestimmter Artikel
   eines: unbestimmter Artikel
   entdeckte: Verb
   nach: Präposition
   Suche: Nomen
   Wetterhahn: Nomen
   Kirchturms: Nomen

Grammatik **Die Wortarten**

Nomen, Verb, Adjektiv, Artikel, Präposition, Personal- und Possessivpronomen (Teil 2)

Prüfe selbst mit diesem Abschlusstest, wie gut du dich mit den Wortarten auskennst.

1. Wozu brauchen wir **Nomen, Verben, Adjektive**?
Setze die richtige Wortart ein.

1. Wir bezeichnen damit Eigenschaften von Dingen und Lebewesen: …
2. Wir benennen damit Tätigkeiten und Geschehnisse: …
3. Wir bezeichnen damit Lebewesen und Dinge: …

2. Was tust du, wenn du nicht genau weißt,

1. ob ein Wort ein **Nomen** ist?
2. ob ein Wort ein **Verb** ist?
3. ob ein Wort ein **Adjektiv** ist?

Zeige dies jeweils an einem Beispiel.

3. Bestimme die Wortart der fett gedruckten Wörter.
Beispiel: Zeitung: Nomen

Auf frischer Tat ertappt

Eine Zeitung in Spanien **berichtete** kürzlich **über** die folgende **Begebenheit**: Der Fahrer eines städtischen Omnibusses fuhr **an** allen Haltestellen vorüber ohne **seine** Fahrgäste aussteigen zu lassen. Er **blieb** auch nicht auf der vorgeschriebenen **Strecke**, sondern fuhr kreuz und quer **durch die** Straßen der Stadt. **Auf** das **laute** Schimpfen der Fahrgäste hörte er nicht. Endlich hielt er **im** Hof **der** Polizeistation. Schnell **winkte er** einige Polizisten **herbei** und ließ zwei **Fahrgäste** festnehmen. Er hatte nämlich **während** der Fahrt im Rückspiegel gesehen, dass **sie ihre** Hände in **fremden** Taschen hatten.

4. Wortarten kann man verändern.

1. Forme die folgenden Wörter zu Nomen um.
berichten, fuhr, festnehmen, schnell, endlich
2. Forme die Nomen zu Adjektiven um.
Spanien, Stadt

5. Bilde die Infinitive.
er fuhr, ich ließ, du bist, sie hatten, er hielt

6. Bilde **Imperative** im Singular und Plural. Denke an das Ausrufezeichen am Ende der Sätze.
Beispiel: den Ball hergeben: Gib den Ball her! Gebt den Ball her!

die Zeitung lesen, den Bus nehmen, in den Rückspiegel sehen, die Suppe essen

Die Wortarten

Grammatik

Nomen, Verb, Adjektiv, Artikel, Präposition, Personal- und Possessivpronomen (Teil 2)

1. Wozu brauchen wir **Nomen, Verben, Adjektive**?
Setze die richtige Wortart ein.

1. Adjektiv
2. Verb
3. Nomen

2. Was tust du, wenn du nicht genau weißt, ...
Zeige dies jeweils an einem Beispiel.

1. Ich setze den Artikel davor: die Kaulquappe
2. Ich bilde die Vergangenheitsform: sehen – ich sah
3. Ich steigere es: hell – heller

3. Bestimme die Wortart der fett gedruckten Wörter.

eine:	unbestimmter Artikel	auf:	Präposition
berichtete:	Verb	laute:	Adjektiv
über:	Präposition	im:	Präposition + bestimmter Artikel
Begebenheit:	Nomen		
Omnibusses:	Nomen	der:	bestimmter Artikel
an:	Präposition	winkte herbei:	Verb
seine:	Possessivpronomen	er:	Personalpronomen
blieb:	Verb	Fahrgäste:	Nomen
Strecke:	Nomen	während:	Präposition
durch:	Präposition	sie:	Personalpronomen
die:	bestimmter Artikel	ihre:	Possessivpronomen
		fremden:	Adjektiv

4. Wortarten kann man verändern.

1. Forme die folgenden Wörter zu Nomen um.
   der Bericht, die Fahrt, die Festnahme, die Schnelligkeit, das Ende

2. Forme die Nomen zu Adjektiven um.
   spanisch, städtisch

5. Bilde die Infinitive.
fahren, lassen, sein, haben, halten

6. Bilde **Imperative** im Singular und Plural. Denke an das Ausrufezeichen am Ende der Sätze.
Lies die Zeitung! **Lest** die Zeitung!
Nimm den Bus! **Nehmt** den Bus!
Sieh in den Rückspiegel! **Seht** in den Rückspiegel!
Iss die Suppe! **Esst** die Suppe!

Grammatik **Die vier Fälle**

Teil I

1. Sieh dir den Tipp genau an. Lerne die Fragewörter und ihre dazugehörigen Fälle.

> Jedes Nomen spielt im Satz eine besondere Rolle – Es steht in einem besonderen *Fall*. Das ist für die Endung des Nomens und des Adjektivs und für den Artikel wichtig. Um den richtigen Fall zu erkennen musst du richtig fragen können:
> *Wer?/Was?*: **Nominativ (1. Fall)** – *Die Kinder* spielen.
> *Wessen?*: **Genitiv (2. Fall)** – Die Burg *der Kinder* gefällt mir.
> *Wem?*: **Dativ (3. Fall)** – Wir helfen *den Kindern*.
> *Wen?/Was?*: **Akkusativ (4. Fall)** – Ich sehe *die Kinder*.

2. Lege eine Tabelle an. Überlege dir die passende Frage nach den fett gedruckten Wörtern. Dann kannst du sie in der richtigen Spalte einordnen.
Beispiel: Jörg: Nominativ (Wer/Was hat schon wieder eine Fünf?)

Nominativ Wer?/Was?	**Genitiv** Wessen?	**Dativ** Wem?	**Akkusativ** Wen?/Was?
Jörg			

Total mies drauf – Die Nummer gegen Kummer

Jörg hat schon wieder **eine Fünf** in Geschichte. Die Eltern **einer Zehnjährigen** wollen sich scheiden lassen. Annette darf nicht **der Jugendgruppe** beitreten. Deryas Vater verzeiht **seinem Sohn** eine Lüge nicht. Oft sind **die Eltern** sehr beschäftigt. Für die Probleme **ihrer Kinder** können sie sich keine Zeit nehmen. Manche hören **ihrem Nachwuchs** geduldig zu. Doch sie sehen **seine Sorgen** als unwichtig an. Oder **die Erwachsenen** sind hilflos. Sie geben **den Kindern** Ratschläge, mit denen sie nichts anfangen können. Oft machen sie auch nur **Vorwürfe**. Genau das möchten **die Mitarbeiter** vom „Kinder- und Jugendtelefon" vermeiden. Mit einer Telefonnummer gegen Kummer wollen **sie den Jugendlichen** helfen. **Einige Anrufer** möchten sich nur einmal ausquatschen. Andere suchen nach der Lösung **eines Problems** und brauchen **einen Rat**. Ob es sich um eine unglückliche Liebe oder um Zoff mit dem Lehrer handelt – für die Mitarbeiter **des Sorgentelefons** ist kein Problem zu groß oder zu klein. Sie haben **eine Ausbildung** hinter sich und können gut zuhören. Jeder Acht- bis Achtzehnjährige, der Kummer hat – auch **du** –, kann **den Telefonhörer** nehmen und den Kinderschutzbund **seiner Stadt** anrufen. Zu zweit lassen sich **alle Schwierigkeiten** einfacher lösen.

Die vier Fälle

Grammatik

Teil I

2. Lege eine Tabelle an. Überlege dir die passende Frage nach den fett gedruckten Wörtern. Dann kannst du sie in der richtigen Spalte einordnen.

Nominativ **Wer?/Was?**	**Genitiv** **Wessen?**	**Dativ** **Wem?**	**Akkusativ** **Wen?/Was?**
Jörg	einer Zehnjährigen	der Jugendgruppe	eine Fünf
die Eltern	ihrer Kinder	seinem Sohn	seine Sorgen
die Erwachsenen	eines Problems	ihrem Nachwuchs	Vorwürfe
die Mitarbeiter	des Sorgentelefons	den Kindern	einen Rat
sie	seiner Stadt	den Jugendlichen	eine Ausbildung
einige Anrufer			den Telefonhörer
du			
alle Schwierigkeiten			

Grammatik

Die vier Fälle

Teil 2

Journalisten der Zeitung „Lügenblatt" möchten dem Konkurrenzblatt „Neues von gestern" Schaden zufügen. Ein Techniker schleicht sich an den Computer der Konkurrenz und gibt folgenden Befehl in kodierter Form ein:
Keinen Genitiv, Dativ und Akkusativ mehr!
Alle Wörter nur noch in den Nominativ!

Du bist Journalist bei „Neues von gestern" und entdeckst eine halbe Stunde vor dem Druck den fehlerhaften Artikel. Schreibe den Artikel möglichst schnell in richtigem Deutsch. Glücklicherweise erkennst du gleich am anderen Schriftbild, wo etwas verändert worden ist.

Fledermäuse auf Wohnungssuche

In **die Nähe der Marktplatz** war die Reise **die Fledermaus** plötzlich zu Ende. Vielleicht hatte die Kälte sie gelähmt. Wie tot lag der „Große Abendsegler" auf **ein Bürgersteig die Großstadt**.
Dieses Tier war auf **die Wanderung**. Alle Fledermäuse suchen jetzt **ein Platz** für **ihr Winterschlaf**. Wenn es zu kalt wird, wird ihr kleiner Körper starr. Die haarigen Tierchen flattern manchmal durch ganz Europa, ehe sie sich mit **ein Lager** zufrieden geben. Wenn sie bei **ihre Suche** nach **ein Zwischenquartier** ein geöffnetes Fenster sehen, fliegen sie gerne hinein. Dann gibt es **kein Grund** zu **eine Panik**. Die Tiere verlassen nämlich **der Raum** wieder auf **derselbe Weg**, wie sie gekommen sind. Am besten hält man an **die nächsten Tage** dieses Fenster geschlossen, denn der Gast kehrt oft zu **ein bekannter Platz** zurück.

Fledermäuse hausen besonders gerne auf **abgelegene Dachböden**, sie verstecken sich in **tiefe Felsspalten** und **dunkle Höhlen**. Die haarigen Tiere sind fast blind. Wenn sie auf **die Jagd** nach Insekten sind, stoßen sie ständig für **der Mensch** unhörbare Schreie aus. Über das Echo machen sie sich ein genaues Bild von **ihre Umgebung**. Mit **diese Technik** können Fledermäuse sogar die kleinsten Mücken aufspüren. Der „Große Abendsegler" hatte **ein riesiges Glück**. Er wurde von **ein Tierfreund** in **der Zoo** gebracht und dort von **die Tierpfleger** liebevoll gepflegt.
Heutzutage gelten Fledermäuse nicht mehr wie in **vergangene Zeiten** als unheimliche Gruselwesen. Von **Kinder alle Altersklassen** werden sie als Schmusetiere gerne gekauft.

Die vier Fälle
Teil 2

Schreibe den Artikel möglichst schnell in richtigem Deutsch. Glücklicherweise erkennst du gleich am anderen Schriftbild, wo etwas verändert worden ist.

Fledermäuse auf Wohnungssuche

In **der Nähe des Marktplatzes** war die Reise **der Fledermaus** plötzlich zu Ende.
Vielleicht hatte die Kälte sie gelähmt. Wie tot lag der „Große Abendsegler" auf **einem Bürgersteig der Großstadt**.
Dieses Tier war auf **der Wanderung**. Alle Fledermäuse suchen jetzt **einen Platz** für **ihren Winterschlaf**. Wenn es zu kalt wird, wird ihr kleiner Körper starr. Die haarigen Tierchen flattern manchmal durch ganz Europa, ehe sie sich mit **einem Lager** zufrieden geben. Wenn sie bei **ihrer Suche** nach **einem Zwischenquartier** ein geöffnetes Fenster sehen, fliegen sie gerne hinein. Dann gibt es **keinen Grund** zu **einer Panik**. Die Tiere verlassen nämlich **den Raum** wieder auf **demselben Weg**, wie sie gekommen sind. Am besten hält man an **den nächsten Tagen** dieses Fenster geschlossen, denn der Gast kehrt oft zu **einem bekannten Platz** zurück.
Fledermäuse hausen besonders gerne auf **abgelegenen Dachböden**, sie verstecken sich in **tiefen Felsspalten** und **dunklen Höhlen**. Die haarigen Tiere sind fast blind. Wenn sie auf **der Jagd** nach Insekten sind, stoßen sie ständig für **den Menschen** unhörbare Schreie aus. Über das Echo machen sie sich ein genaues Bild von **ihrer Umgebung**. Mit **dieser Technik** können Fledermäuse sogar die kleinsten Mücken aufspüren.
Der „Große Abendsegler" hatte riesiges Glück. Er wurde von **einem Tierfreund** in **den Zoo** gebracht und dort von **den Tierpflegern** liebevoll gepflegt.
Heutzutage gelten Fledermäuse nicht mehr wie in **vergangenen Zeiten** als unheimliche Gruselwesen. Von **Kindern aller Altersklassen** werden sie als Schmusetiere gerne gekauft.

Grammatik **Die vier Fälle**

Teil 3

1. Auf dem Bauernhof hat sich der Bulle losgerissen und ist auf die Dorfstraße gestürmt. Dort spielen gerade viele Kinder. Sie erschrecken sehr. Was geschieht nun?

   1. Schreibe die beiden Spalten mit den richtigen Fällen ab. Unterstreiche die Präposition mit Artikel und Nomen.

Eine Nachbarin beobachtet, *wohin* die Kinder flüchten.	Danach sieht ein Nachbar, *wo* sie jetzt sind.
1. Stefanie kriecht unter den Traktor.	1. Sie liegt anschließend unter dem Traktor.
2. Michael springt in ____ Ententeich.	2. Er schwimmt danach in ____ Ententeich.
3. Manuel läuft vor Schreck vor ____ Heuwagen.	3. Er steht nun vor ____ Heuwagen.
4. Sven stellt sich neben ____ Bauern.	4. Er wartet jetzt neben ____ Bauern.
5. Lisa flieht bis an ____ Dorfbach.	5. Sie steht nun an ____ Dorfbach.
6. Gnork setzt sich auf ____ Misthaufen.	6. Er sitzt jetzt auf ____ Misthaufen.
7. Daniela schleicht sich hinter ____ Hühnerstall.	7. Sie hockt nun hinter ____ Hühnerstall.
8. Sebastian rennt hinter ____ Scheune.	8. Er wartet jetzt hinter ____ Scheune.

   2. Lies nun die zusammengehörigen Sätze aus beiden Spalten laut. Betone die unterstrichenen Satzglieder.

   Auf die Frage *Wohin*? hast du den *Akkusativ* verwendet (Sie kriecht unter *den* Traktor), auf die Frage *Wo*? den *Dativ* (Sie liegt jetzt unter *dem* Traktor).

2. Fertige ein Arbeitsblatt für deine Partnerin oder deinen Partner an. Erfinde dazu zehn lustige Sätze mit den folgenden Verben und Präpositionen. Lasse die Artikel weg und setze dafür ... ein. Lass dir anschließend die vollständigen Sätze vorlesen.
   Beispiel: Der Bär wärmte sich auf ... Heizung.

   Verben:
   sich setzen, sitzen, stellen, stehen, sich befinden, liegen, sich legen, sich ausruhen, flüchten, bleiben, rennen, sich verstecken, marschieren, gehen, warten, rasen, fahren, klettern, arbeiten

   Präpositionen:
   in, an, auf, unter, vor, hinter, neben

Die vier Fälle
Teil 3

Grammatik

I. 1. Schreibe die beiden Spalten mit den richtigen Fällen ab. Unterstreiche die Präposition mit Artikel und Nomen.

Eine Nachbarin beobachtet, *wohin* die Kinder flüchten.	Danach sieht ein Nachbar, *wo* sie jetzt sind.
1. Stefanie kriecht <u>unter den Traktor</u>.	1. Sie liegt anschließend <u>unter dem Traktor</u>.
2. Michael springt <u>in den Ententeich</u>.	2. Er schwimmt danach <u>in dem (im) Ententeich</u>.
3. Manuel läuft vor Schreck <u>vor den Heuwagen</u>.	3. Er steht nun <u>vor dem Heuwagen</u>.
4. Sven stellt sich <u>neben den Bauern</u>.	4. Er wartet jetzt <u>neben dem Bauern</u>.
5. Lisa flieht <u>bis an den Dorfbach</u>.	5. Sie steht nun <u>an dem (am) Dorfbach</u>.
6. Gnork setzt sich <u>auf den Misthaufen</u>.	6. Er sitzt jetzt <u>auf dem Misthaufen</u>.
7. Daniela schleicht sich <u>hinter den Hühnerstall</u>.	7. Sie hockt nun <u>hinter dem Hühnerstall</u>.
8. Sebastian rennt <u>hinter die Scheune</u>.	8. Er wartet jetzt <u>hinter der Scheune</u>.

Grammatik

Die vier Fälle

Teil 4

Gnork hört im Radio ein Märchen. Er schreibt es in sein Tagebuch. Manchmal fühlt er sich jedoch im Deutschen unsicher. Dann zeichnet er das Wort oder die Wortteile.

Schreibe das Märchen vollständig auf. Ergänze dabei auch die richtigen **Artikel**, **Zahlwörter** und **Possessivpronomen** (mein, …).

Wie man einen Wolf besiegt

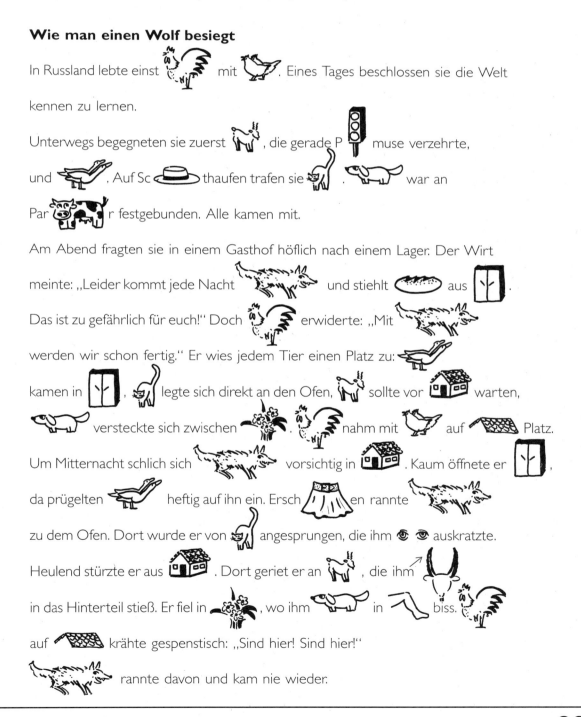

Kopiervorlage **28**

Die vier Fälle
Teil 4

Schreibe das Märchen vollständig auf. Ergänze dabei auch die richtigen **Artikel**, **Zahlwörter** und **Possessivpronomen** (mein, …).

Wie man einen Wolf besiegt

In Russland lebte einst **ein Hahn** mit **zwei Hennen**. Eines Tages beschlossen sie die Welt kennen zu lernen.
Unterwegs begegneten sie zuerst **einer Ziege**, die gerade **eine Pampelmuse** verzehrte, und **zwei Gänsen**. Auf **einem Schutthaufen** trafen sie **eine Katze**. **Ein Hund** war an **einer Parkuhr** festgebunden. Alle kamen mit.
Am Abend fragten sie in einem Gasthof höflich nach einem Lager. **Der Wirt** meinte: „Leider kommt jede Nacht **ein Wolf** und stiehlt **mein Brot** aus **dem Schrank**. Das ist zu gefährlich für euch!" Doch **der Hahn** erwiderte: „Mit **dem Wolf** werden wir schon fertig." Er wies jedem Tier einen Platz zu: **Die zwei Gänse** kamen in **den Schrank**, **die Katze** legte sich direkt an den Ofen, **die Ziege** sollte vor **dem Haus** warten, **der Hund** versteckte sich zwischen **den Blumen**. **Der Hahn** nahm mit **den zwei Hennen** auf **dem Dach** Platz.
Um Mitternacht schlich sich **der Wolf** vorsichtig in **das Haus**. Kaum öffnete er **den Schrank**, da prügelten **die Gänse** heftig auf ihn ein. **Erschrocken** rannte **der Wolf** zu dem (zum) Ofen. Dort wurde er von **der Katze** angesprungen, die ihm **die Augen** auskratzte. Heulend stürzte er aus **dem Haus**. Dort geriet er an **die Ziege**, die ihm **ihre Hörner** in das Hinterteil stieß. Er fiel in **die Blumen**, wo ihm **der Hund** in **das (ins) Bein** biss. **Der Hahn** auf **dem Dach** krähte gespenstisch: „Sind hier! Sind hier!"
Der Wolf rannte davon und kam nie wieder.

Grammatik

Die Zeiten

Präsens und Perfekt

„Was machst du normalerweise am Sonntagvormittag?"

Diese Frage stellt Carsten, Mitglied der Schülerzeitungs-AG, an einige Mitschülerinnen und Mitschüler. Die Zeichnungen zeigen, was sie antworten.

1. Schreibe die Antworten auf. Unterstreiche die Präsensformen der Verben.
Beispiel: Silke: „Ich gehe mit meinem Hund spazieren."

1. Djamilja
2. David
3. Sven, Damian, Sascha
4. Fabio
5. Svenja
6. Alexander
7. Damir
8. Andreas
9. Johannes
10. Nicole
11. Senir

2. Befrage selbst einige Mitschüler nach ihrem Sonntagvormittagsprogramm. Schreibe das Ergebnis auf. Unterstreiche die Präsensformen.

3. Beim nächsten Treffen der Schülerzeitungs-AG berichtet Carsten, was seine Mitschüler am letzten Sonntagvormittag gemacht haben.
Schreibe aus seiner Sicht. Gebrauche dabei das Perfekt.
Unterstreiche die Perfektformen der Verben.
Beispiel: Silke ist mit ihrem Hund spazieren gegangen.

Die Zeiten

Präsens und Perfekt

1. Schreibe die Antworten auf. Unterstreiche die Präsensformen der Verben.

Mögliche Antworten:
1. Djamilja: „Ich spiele Klavier."
2. David: „Ich spiele Fußball."
3. Sven, Damian, Sascha: „Wir proben mit unserer Band."
4. Fabio: „Ich sehe fern."
5. Svenja: „Ich liege in der Badewanne."
6. Alexander: „Ich putze die Wohnung."
7. Damir: „Ich reite."
8. Andreas: „Ich schlafe lange."
9. Johannes: „Ich gehe in die Kirche."
10. Nicole: „Ich lese."
11. Senir: „Ich höre Musik."

3. Beim nächsten Treffen der Schülerzeitungs-AG berichtet Carsten, was seine Mitschüler am letzten Sonntagvormittag gemacht haben.
Schreibe aus seiner Sicht. Gebrauche dabei das Perfekt. Unterstreiche die Perfektformen der Verben.

Mögliche Antworten:
1. Djamilja hat Klavier gespielt.
2. David hat Fußball gespielt.
3. Sven, Damian und Sascha haben mit ihrer Band geprobt.
4. Fabio hat ferngesehen.
5. Svenja hat in der Badewanne gelegen.
6. Alexander hat die Wohnung geputzt.
7. Damir ist geritten.
8. Andreas hat lange geschlafen.
9. Johannes ist in die Kirche gegangen.
10. Nicole hat gelesen.
11. Senir hat Musik gehört.

Grammatik

Die Zeiten

Präteritum (Teil 1)

Auf Gnorks Stern gibt es Verben nur im Infinitiv. Auf der Erde hat er deshalb Schwierigkeiten etwas in der Vergangenheit zu erzählen.
So entwickelt er ein Computerprogramm, das automatisch Verben in die richtige Zeit setzt. Aber es funktioniert noch nicht.

Hilf ihm die griechische Sage richtig zu schreiben.
(1 Strich = 1 Buchstabe.) Streiche die verwendeten Verben.

ausstrecken – bedrücken – bekämpfen – beobachten – bewachen – bleiben – dürfen – sich fragen – gehen – gestatten – hängen – herrschen – herumstehen – hinabsteigen – können – lassen – lauschen – legen – mitkommen – nachrennen – quälen – schmelzen – sehen – ~~sein~~ – stellen – sterben – sich umdrehen – verlieren – vertrauen – vorsingen – sich wagen – zeigen – ziehen

Orpheus und Eurydike

Orpheus **war** ein Sänger aus Thrakien. Wenn er seine zauberhafte Stimme erklingen ____, _____ nicht nur die Menschen andächtig um ihn _____, auch die Tiere, Bäume und Steine _____ gerührt seiner Musik.
Mit großer Liebe ____ Orpheus an seiner Frau Eurydike. Doch sie _____ jung an einem Schlangenbiss. Orpheus _____ sich über den schweren Verlust nicht trösten. Schließlich _____ er in die Unterwelt zu den Toten _____.
Über das Totenreich _____ der grimmige Gott Pluto. Den Eingang in das finstere Reich _____ der dreiköpfige Hund Zerberus. Furchtlos _____ ____ Orpheus in die unbekannte Welt der Toten und ____ dem Herrscher über die Toten seine Lieder ___. Auch Plutos Herz _____ und er _____ Eurydike die Rückkehr ins Leben. Er _____ nur eine Bedingung: Orpheus _____ sich auf dem Weg aus dem Totenreich heraus nicht nach Eurydike umsehen.
Der Götterbote Hermes _____ dem Sänger den Weg durch die düstere Schattenwelt. Orpheus _____ darauf, dass Eurydike hinter ihm ____.
Doch immer stärker _____ ihn der Wunsch sie zu sehen. Aber er _____ seine Ungeduld. Die Stille _____ ihn jedoch immer stärker. Plötzlich _____ er ____, ob sie überhaupt _____.
Als er das Licht des Ausgangs ___, _____ er die Beherrschung und _____ ____ __. Er _____ gerade noch, wie Hermes die Hand auf Eurydikes Schulter _____ und sie sanft mit sich ___. Vergeblich _____ sie ihre Arme nach Orpheus ___, ohne Erfolg _____ er dem Schatten ____. Der Tod _____ nun unerbittlich.

Die Zeiten

Präteritum (Teil 1)

Grammatik

Hilf ihm die griechische Sage richtig zu schreiben.

Orpheus und Eurydike

Orpheus **war** ein Sänger aus Thrakien. Wenn er seine zauberhafte Stimme erklingen **ließ**, **standen** nicht nur die Menschen andächtig um ihn **herum**, auch die Tiere, Bäume und Steine **lauschten** gerührt seiner Musik.
Mit großer Liebe **hing** Orpheus an seiner Frau Eurydike. Doch sie **starb** jung an einem Schlangenbiss. Orpheus **konnte** sich über den schweren Verlust nicht trösten. Schließlich **stieg** er in die Unterwelt zu den Toten **hinab**. Über das Totenreich **herrschte** der grimmige Gott Pluto. Den Eingang in das finstere Reich **bewachte** der dreiköpfige Hund Zerberus. Furchtlos **wagte sich** Orpheus in die unbekannte Welt der Toten und **sang** dem Herrscher über die Toten seine Lieder **vor**. Auch Plutos Herz **schmolz** und er **gestattete** Eurydike die Rückkehr ins Leben. Er **stellte** nur eine Bedingung: Orpheus **durfte** sich auf dem Weg aus dem Totenreich heraus nicht nach Eurydike umsehen.
Der Götterbote Hermes **zeigte** dem Sänger den Weg durch die düstere Schattenwelt. Orpheus **vertraute** darauf, dass Eurydike hinter ihm **ging**. Doch immer stärker **quälte** ihn der Wunsch sie zu sehen. Aber er **bekämpfte** seine Ungeduld. Die Stille **bedrückte** ihn jedoch immer stärker. Plötzlich **fragte** er **sich**, ob sie überhaupt **mitkam**. Als er das Licht des Ausgangs **sah**, **verlor** er die Beherrschung und **drehte sich um**. Er **beobachtete** gerade noch, wie Hermes die Hand auf Eurydikes Schulter **legte** und sie sanft mit sich **zog**. Vergeblich **streckte** sie ihre Arme nach Orpheus **aus**, ohne Erfolg **rannte** er dem Schatten **nach**. Der Tod **blieb** nun unerbittlich.

Grammatik

Die Zeiten

Präteritum (Teil 2)

 Setze die Verben ins **Präteritum**. Trage nur das Verb in das Kreuzworträtsel ein.
Beispiel: 2. Pers. Sing. von *dürfen:* (du) durftest

waagerecht:
- 4. 1. Pers. Pl. von *schießen*
- 5. 2. Pers. Sing. von *sprechen*
- 7. 3. Pers. Sing. von *graben*
- 9. 3. Pers. Pl. von *brennen*
- 12. 1. Pers. Pl. von *halten*
- 14. 1. Pers. Sing. von *kriechen*
- 15. 2. Pers. Sing. von *finden*
- 17. 3. Pers. Sing. von *geben*
- 19. 1. Pers. Sing. von *singen*
- 22. 3. Pers. Sing. von *verlieren*
- 23. 2. Pers. Pl. von *kommen*
- 25. 2. Pers. Pl. von *trinken*
- 29. 1. Pers. Sing. von *leiden*
- 30. 3. Pers. Pl. von *schieben*
- 34. 3. Pers. Sing. von *schneiden*
- 35. 1. Pers. Sing. von *betrügen*
- 36. 3. Pers. Sing. von *haben*
- 37. 1. Pers. Sing. von *sehen*
- 38. 3. Pers. Pl. von *beißen*
- 39. 3. Pers. Sing. von *nehmen*
- 40. 3. Pers. Sing. von *treten*

senkrecht:
- 1. 1. Pers. Sing. von *schreien*
- 2. 3. Pers. Sing. von *können*
- 3. 3. Pers. Sing. von *treiben*
- 5. 1. Pers. Sing. von *schreiben*
- 6. 3. Pers. Sing. von *sinken*
- 7. 3. Pers. Sing. von *geschehen*
- 8. 1. Pers. Sing. von *bitten*
- 10. 3. Pers. Sing. von *treffen*
- 11. 1. Pers. Sing. von *nennen*
- 13. 3. Pers. Sing. von *tragen*
- 16. 1. Pers. Sing. von *treten*
- 18. 3. Pers. Sing. von *beginnen*
- 20. 2. Pers. Pl. von *gehen*
- 21. 1. Pers. Sing. von *fliehen*
- 22. 1. Pers. Pl. von *verleihen*
- 24. 2. Pers. Sing. von *mögen*
- 26. 2. Pers. Sing. von *kennen*
- 27. 2. Pers. Sing. von *stehlen*
- 28. 2. Pers. Pl. von *sein*
- 29. 3. Pers. Pl. von *lesen*
- 31. 1. Pers. Sing. von *betreten*
- 32. 1. Pers. Pl. von *frieren*
- 33. 3. Pers. Sing. von *leihen*

Die Zeiten

Präteritum (Teil 2)

Setze die Verben ins **Präteritum**. Trage nur das Verb in das Kreuzworträtsel ein.

waagerecht:
- 4. 1. Pers. Pl. von *schießen*
- 5. 2. Pers. Sing. von *sprechen*
- 7. 3. Pers. Sing. von *graben*
- 9. 3. Pers. Pl. von *brennen*
- 12. 1. Pers. Pl. von *halten*
- 14. 1. Pers. Sing. von *kriechen*
- 15. 2. Pers. Sing. von *finden*
- 17. 3. Pers. Sing. von *geben*
- 19. 1. Pers. Sing. von *singen*
- 22. 3. Pers. Sing. von *verlieren*
- 23. 2. Pers. Pl. von *kommen*
- 25. 2. Pers. Pl. von *trinken*
- 29. 1. Pers. Sing. von *leiden*
- 30. 3. Pers. Pl. von *schieben*
- 34. 3. Pers. Sing. von *schneiden*
- 35. 1. Pers. Sing. von *betrügen*
- 36. 3. Pers. Sing. von *haben*
- 37. 1. Pers. Sing. von *sehen*
- 38. 3. Pers. Pl. von *beißen*
- 39. 3. Pers. Sing. von *nehmen*
- 40. 3. Pers. Sing. von *treten*

senkrecht:
- 1. 1. Pers. Sing. von *schreien*
- 2. 3. Pers. Sing. von *können*
- 3. 3. Pers. Sing. von *treiben*
- 5. 1. Pers. Sing. von *schreiben*
- 6. 3. Pers. Sing. von *sinken*
- 7. 3. Pers. Sing. von *geschehen*
- 8. 1. Pers. Sing. von *bitten*
- 10. 3. Pers. Sing. von *treffen*
- 11. 1. Pers. Sing. von *nennen*
- 13. 3. Pers. Sing. von *tragen*
- 16. 1. Pers. Sing. von *treten*
- 18. 3. Pers. Sing. von *beginnen*
- 20. 2. Pers. Pl. von *gehen*
- 21. 1. Pers. Sing. von *fliehen*
- 22. 1. Pers. Pl. von *verleihen*
- 24. 2. Pers. Sing. von *mögen*
- 26. 2. Pers. Sing. von *kennen*
- 27. 2. Pers. Sing. von *stehlen*
- 28. 2. Pers. Pl. von *sein*
- 29. 3. Pers. Pl. von *lesen*
- 31. 1. Pers. Sing. von *betreten*
- 32. 1. Pers. Pl. von *frieren*
- 33. 3. Pers. Sing. von *leihen*

Grammatik

Die Zeiten

Präteritum und Plusquamperfekt

1. Münchhausen berichtet:
Im letzten Winter wachte ich an einem hellen Vormittag auf einem Friedhof auf. Mein Pferd lag nicht mehr neben mir. Plötzlich hörte ich über mir ein Wiehern. Ich schaute nach oben und erkannte am Wetterhahn der Kirche mein Pferd. Nun erinnerte ich mich: Am Abend zuvor hatte ich mich im Schneetreiben verirrt. Die Nacht war plötzlich hereingebrochen. Ich war vom Pferd abgestiegen und hatte es an einen Baum gebunden …

1. Schreibe die Geschichte zu Ende.

2. Münchhausen beschreibt sein Aufwachen im **Präteritum**. Für das, was am Abend *vor* diesem Wintermorgen geschah, verwendet er das **Plusquamperfekt**.

   Lege eine Tabelle an. Ordne die Verben, auch die aus deiner Erzählungsfortsetzung, ein.

Plusquamperfekt (Abend davor)	**Präteritum** (Wintermorgen)	**Präsens** (Zeitpunkt des Erzählens)
hatte mich verirrt	wachte auf	berichtet

2. Du sieht jeweils zwei zusammengehörige Bilder. Verbinde die Handlungen durch die Konjunktion *nachdem*. Verwende Präteritum und Plusquamperfekt.
Beispiel: Nachdem der Bankräuber das Geld *erpresst hatte, verfolgte* ihn die Polizei.

 3. Schreibe innerhalb von drei Minuten möglichst viele Verben im Präteritum und Plusquamperfekt auf.
Beispiel: Ich schwamm. – Ich war geschwommen.

Die Zeiten
Präteritum und Plusquamperfekt

1. 1. Schreibe die Geschichte zu Ende.
Dann hatte ich mich unter einen Baum gelegt und war sofort eingeschlafen.
In der Nacht hatte es getaut. Der Schnee war geschmolzen.

2. Lege eine Tabelle an. Ordne die Verben, auch die aus deiner Erzählungsfortsetzung, ein.

Plusquamperfekt (Abend davor)	**Präteritum** (ein Wintermorgen)	**Präsens** (Zeitpunkt des Erzählens)
hatte mich verirrt	wachte auf	berichtet
war hereingebrochen	lag	
war abgestiegen	hörte	
hatte gebunden	schaute	
	erkannte	
	erinnerte mich	

2. Du siehst jeweils zwei zusammengehörige Bilder.
Verbinde die Handlungen durch die Konjunktion *nachdem*.
Verwende Präteritum und Plusquamperfekt.

Mögliche Antworten:
1. Nachdem die Friseuse die Haare **geschnitten hatte, föhnte** sie sie.
2. Nachdem Manuela den Brief **geschrieben hatte, zerriss** sie ihn.
3. Nachdem Andreas das Buch zu Ende **gelesen hatte, kaufte** er **ein**.
4. Nachdem Anja **geputzt hatte, aß** sie ein Eis.

Grammatik

Alle Zeiten (Teil 1)

Die Zeiten

Schreibe die Verben heraus und bestimme ihre Zeit.
Beispiel: verrotten: Präsens

Milliardenschätze auf dem Boden der Weltmeere

Auf dem Boden der Weltmeere verrotten Schiffswracks mit kostbaren Ladungen an Bord. Allein vor den Küsten Europas sind unermessliche Schätze untergegangen. Die Völker haben sie noch nicht vergessen und bis heute versuchen immer wieder Berufstaucher ihr Glück. Aber auch sie werden wohl niemals in ihren Besitz kommen.

1. Das holländische Schiff **Carnelan** sank 1684 vor der Nordküste Schottlands. An Bord befanden sich drei Millionen holländische Gulden in Silber- und Kupfermünzen. Der Schatz, der dreißig bis hundert Meter tief zwischen Felsspalten und Klippen ruht, wird für immer unerreichbar sein.

2. Nachdem die britische Fregatte **Lutina** am 10.10.1799 in der Zuidersee versunken war, bemühten sich Taucher um die Münzen, Gold- und Silberbarren im Wert von 321 Millionen Mark. Doch sie bargen nur die Schiffsglocke.

3. Im Krieg zwischen Spanien und England landete 1588 ein großer Teil der **spanischen Armada** auf dem Boden des Meeres. Die Soldaten und die Wracks der Schiffe, die Gold, Kunstwerke und Schmuck geladen hatten, liegen auf dem Meeresboden vor der Nordostküste Schottlands.

4. Die spanische **Santa Cruz** ging 1679 vor Wales unter. Die 220 Truhen mit Gold und zweieinhalb Tonnen Silber sind bis heute nicht wieder aufgetaucht. Ihr Wert beträgt 110 Millionen Mark.

5. Das italienische Schiff **Star Lena** versank am 18.11.1943 vor der Ostküste Korsikas. Man vermutet, dass es Kriegsbeute an Bord hatte. Die Eisenkästen mit Brillanten und Kunstschätzen im Wert von mehr als 20 Millionen Mark hat bisher kein Schatzsucher gefunden.

6. **Las Cinquas Chagas**, ein portugiesisches Schiff, hatte tonnenweise Goldbarren, Silber, Rubine, Diamanten, Perlen, Elfenbein und Porzellan an Bord genommen. Es verschwand 1594 vor den Azoren. Obwohl Taucher immer wieder die Bergung versucht haben, ist sie bisher nicht gelungen. Auch Berufsschatzjäger haben inzwischen wenig Hoffnung, dass sie die Schätze bergen werden.

Die Zeiten

Grammatik

Alle Zeiten (Teil 1)

Schreibe die Verben heraus und bestimme ihre Zeit.

Milliardenschätze auf dem Boden der Weltmeere

verrotten:	Präsens
sind untergegangen:	Perfekt
haben vergessen:	Perfekt
versuchen:	Präsens
werden kommen:	Futur

1. **Carnelan**

sank:	Präteritum
befanden sich:	Präteritum
ruht:	Präsens
wird sein:	Futur

2. **Lutina**

versunken war:	Plusquamperfekt
bemühten sich:	Präteritum
bargen:	Präteritum

3. **Spanische Armada**

landete:	Präteritum
geladen hatten:	Plusquamperfekt
liegen:	Präsens

4. **Santa Cruz**

ging unter:	Präteritum
sind aufgetaucht:	Perfekt
beträgt:	Präsens

5. **Star Lena**

versank:	Präteritum
vermutet:	Präsens
hatte:	Präteritum
hat gefunden:	Perfekt

6. **Las Cinquas Chagas**

hatte genommen:	Plusquamperfekt
verschwand:	Präteritum
versucht haben:	Perfekt
ist gelungen:	Perfekt
haben:	Präsens
bergen werden:	Futur

Grammatik

Alle Zeiten (Teil 2)

Die Zeiten

1. Setze die Verben in der richtigen Zeit in die Lücken.

2. Unterstreiche die Angaben, die dir helfen die richtige Zeitstufe festzustellen.
Beispiel: noch heute

Wie bauten die Ägypter ihre Pyramiden?

1. Nur eines der sieben Weltwunder des Altertums **steht** noch heute (stehen): 2. Es ____ die Pyramiden bei Giseh in der Nähe von Kairo (sein). 3. Auch in unserer Zeit _____ sie gewaltig (wirken). 4. Die größte von ihnen _____ die Cheopspyramide (sein). 5. Sie ____ im Altertum 146 Meter hoch (sein), heute ___ sie 8 Meter niedriger (sein). 6. Heute _____ wir nicht genau (wissen), wie die alten Ägypter ihre Pyramiden _____ (bauen). 7. Die modernen Archäologen _____ folgende Vermutung (haben): 8. Auf Schlitten und Walzen _____ die Ägypter damals die Steinblöcke zum Nil (bringen). 9. Auf einem Steinblock _____ der Aufseher (stehen) und _____ mit den Händen den Takt der Schritte (klatschen), während die Arbeiter keuchend ihre Last zum Fluss _____ (ziehen). 10. Im Jahr zuvor _____ die Ägypter in die Bohrlöcher der Felsplatten große Holzkeile _____ (treiben). 11. Anschließend _____ sie das Holz mit Wasser _____ (begießen). 12. Durch den Druck des quellenden Holzes _____ die großen Steinblöcke _____ (abbrechen). 13. Nachdem die Arbeiter die Steine zum Nil _____ (transportieren), _____ (übernehmen) nun Flöße die Steine und _____ sie bis dicht an den Bauplatz (tragen). 14. Da die Ägypter schon in den Wochen zuvor eine gewaltige Rampe _____ (aufschütten), _____ (können) sie nun die Steine nach oben ziehen, bis sie an ihrem vorgesehenen Platz _____ (liegen). 15. Nach etwa zwanzig Jahren Bauzeit _____ die Pyramide als Totenhaus dienen (können). 16. Der Pharao _____ schon in seiner Jugend den Bau einer Pyramide _____ (beschließen): 17. „Für das Leben nach meinem Tode _____ ich mir einen Totenberg _____ (bauen). 18. Es _____ ein riesiges Grabmal ____ (sein). 19. Es _____ meinen Leib vor allen Räubern und Feinden _____ (schützen). 20. In ihm _____ ich bis in alle Ewigkeit _____ (weiterleben). 21. Das Denkmal ____ den Ruhm meiner Herrschaft jahrtausendelang _____ (verkünden)."

3. Schreibe die Verbformen, die du eingesetzt hast, heraus. Bestimme ihre Zeit.
Beispiel: 1. steht: Präsens

Die Zeiten
Grammatik

Alle Zeiten (Teil 2)

1. Setze die Verben in der richtigen Zeit in die Lücken.

2. Unterstreiche die Angaben, die dir helfen die richtige Zeitstufe festzustellen.

Wie bauten die Ägypter ihre Pyramiden?

1. Nur eines der sieben Weltwunder des Altertums **steht** noch heute: 2. Es **sind** die Pyramiden bei Giseh in der Nähe von Kairo. 3. Auch in unserer Zeit **wirken** sie gewaltig. 4. Die größte von ihnen **ist** die Cheopspyramide. 5. Sie **war** im Altertum 146 Meter hoch, heute **ist** sie 8 Meter niedriger. 6. Heute **wissen** wir nicht genau, wie die alten Ägypter ihre Pyramiden **bauten**. 7. Die modernen Archäologen **haben** folgende Vermutung: 8. Auf Schlitten und Walzen **brachten** die Ägypter damals die Steinblöcke zum Nil. 9. Auf einem Steinblock **stand** der Aufseher und **klatschte** mit den Händen den Takt der Schritte, während die Arbeiter keuchend ihre Last zum Fluss **zogen**. 10. Im Jahr zuvor **hatten** die Ägypter in die Bohrlöcher der Felsplatten große Holzkeile **getrieben**. 11. Anschließend **hatten** sie das Holz mit Wasser **begossen**. 12. Durch den Druck des quellenden Holzes **waren** die großen Steinblöcke **abgebrochen**. 13. Nachdem die Arbeiter die Steine zum Nil **transportiert hatten**, **übernahmen** nun Flöße die Steine und **trugen** sie bis dicht an den Bauplatz. 14. Da die Ägypter schon in den Wochen zuvor eine gewaltige Rampe **aufgeschüttet hatten**, **konnten** sie nun die Steine nach oben ziehen, bis sie an ihrem vorgesehenen Platz **lagen**. 15. Nach etwa zwanzig Jahren Bauzeit **konnte** die Pyramide als Totenhaus dienen. 16. Der Pharao **hatte** schon in seiner Jugend den Bau einer Pyramide **beschlossen**: 17. „Für das Leben nach meinem Tode **werde** ich mir einen Totenberg **bauen**. 18. Es **wird** ein riesiges Grabmal **sein**. 19. Es **wird** meinen Leib vor allen Räubern und Feinden **schützen**. 20. In ihm **werde** ich bis in alle Ewigkeit **weiterleben**. 21. Das Denkmal **wird** den Ruhm meiner Herrschaft jahrtausendelang **verkünden**."

3. Schreibe die Verbformen, die du eingesetzt hast, heraus. Bestimme ihre Zeit.

1. steht: Präsens 2. sind: Präsens 3. wirken: Präsens 4. ist: Präsens 5. war: Präteritum, ist: Präsens 6. wissen: Präsens, bauten: Präteritum 7. haben: Präsens 8. brachten: Präteritum 9. stand, klatschte, zogen: Präteritum 10. hatten getrieben: Plusquamperfekt 11. hatten begossen: Plusquamperfekt 12. waren abgebrochen: Plusquamperfekt 13. transportiert hatten: Plusquamperfekt, übernahmen, trugen: Präteritum 14. aufgeschüttet hatten: Plusquamperfekt, konnten, lagen: Präteritum 15. konnte: Präteritum 16. hatte beschlossen: Plusquamperfekt 17.–21. werde bauen, wird sein, wird schützen, werde weiterleben, wird verkünden: Futur

Grammatik

Die Zeiten

Alle Zeiten (Teil 3)

 Ergebnis einer Umfrage:
Für fast die Hälfte der zehn- bis zwölfjährigen Schüler gehören selbst gebackene Weihnachtsplätzchen unbedingt zum Weihnachtsfest.

Leider sind in Fabians Aufsatz über eine solche Backaktion zehn Fehler. Er verwendet dabei die falsche Zeit. Streiche die Fehler an. Schreibe die richtige Verbform neben die Zeile.

Backen in der Vorweihnachtszeit

Jedes Jahr können wir schon ab Oktober Weihnachtsgebäck in den Geschäften kaufen. Dennoch backen viele Leute ihr Gebäck selber. Kinder halfen begeistert beim Ausstechen verschiedener Plätzchenarten. — helfen

Auch Lebkuchenmänner und Stollen sind heute noch oft in der kalten, dunklen Jahreszeit gebacken worden. Gestern ist ein typisch nasskalter Novembertag. Wir hatten die Idee ein neues Plätzchenrezept auszuprobieren. Zuerst stellten wir die Zutaten zusammen auf den Tisch. Dann hatte ich das Mehl mit dem Puderzucker verknetet. Dazwischen gab Mutter Fett, Eier, eine Prise Salz und den Vanillezucker hinzu. Nachdem ich den Teig eine halbe Stunde kalt stellte, konnte ich ihn auf einer Klarsichtfolie ausrollen. Mit zwei verschiedenen Ausstechformen stach meine kleine Schwester begeistert kleine und große Ringe aus. „Wie schmecken diese Plätzchen?", meinte sie, „durfte ich sie probieren?" Unsere Mutter erlaubt es ihr. Nachdem wir die Plätzchen auf das mit Backpapier ausgelegte Backblech gelegt hatten, bestreichen wir die Oberfläche mit Eiweiß. „Wo sind denn nur die Zuckerperlen?", stöhnte ich. Ich erinnerte mich noch, dass ich am Tag zuvor ein Päckchen kaufte. Da ist Anne plötzlich ganz verlegen geworden. Sie hatte sie gerade verspeist. Die Plätzchen schmecken übrigens auch ohne Zuckerperlen prima.

Die Zeiten

Alle Zeiten (Teil 3)

Grammatik

Streiche die Fehler an. Schreibe die richtige Verbform neben die Zeile.

Backen in der Vorweihnachtszeit

Jedes Jahr können wir schon ab Oktober
Weihnachtsgebäck in den Geschäften
kaufen. Dennoch backen viele Leute
ihr Gebäck selber. Kinder <u>halfen</u>   helfen
begeistert beim Ausstechen
verschiedener Plätzchenarten. Auch
Lebkuchenmänner und Stollen <u>sind</u>   werden gebacken
heute noch oft in der kalten,
dunklen Jahreszeit <u>gebacken worden</u>.
Gestern <u>ist</u> ein typisch nasskalter   war
Novembertag. Wir hatten die Idee ein
neues Plätzchenrezept auszuprobieren.
Zuerst stellten wir die Zutaten
zusammen auf den Tisch. Dann <u>hatte</u> ich
das Mehl mit dem Puderzucker <u>verknetet</u>.   verknetete
Dazwischen gab Mutter Fett, Eier, eine
Prise Salz und den Vanillezucker hinzu.
Nachdem ich den Teig eine halbe Stunde
kalt <u>stellte</u>, konnte ich ihn auf einer   gestellt hatte
Klarsichtfolie ausrollen. Mit zwei
verschiedenen Ausstechformen stach
meine kleine Schwester begeistert
kleine und große Ringe aus. „Wie
schmecken diese Plätzchen?", meinte
sie, „<u>durfte</u> ich sie probieren?"   darf
Unsere Mutter <u>erlaubt</u> es ihr.   erlaubte
Nachdem wir die Plätzchen auf das mit
Backpapier ausgelegte Backblech gelegt
hatten, <u>bestreichen</u> wir die Oberfläche   bestrichen
mit Eiweiß. „Wo sind denn nur die
Zuckerperlen?", stöhnte ich. Ich
erinnerte mich noch, dass ich am Tag
zuvor ein Päckchen <u>kaufte</u>. Da <u>ist</u> Anne   gekauft hatte
plötzlich ganz verlegen <u>geworden</u>. Sie   wurde
hatte sie gerade verspeist.
Die Plätzchen schmecken übrigens auch
ohne Zuckerperlen prima.

Grammatik

Die Satzglieder

Subjekt

1. Du findest nach der Schule zu Hause einen Zettel vor:

   1. Schreibe auf, wer in der Familie welche Arbeiten übernehmen soll.
      Beispiel: Eva führt Bello Gassi.

   2. Unterstreiche die Subjekte. **Beispiel:** <u>Eva</u> führt Bello Gassi.

   Arbeite mit der Ersatzprobe: Wenn du *Wer?/Was?* für ein Satzglied einsetzen kannst, ist es das *Subjekt*.
   Beispiel: *Wer/Was* führt den Hund Gassi?
   → *Eva* = **Subjekt**

   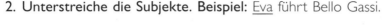

2. 1. Unterstreiche in der Eulenspiegelgeschichte alle Subjekte.

   ### Hau ihn in die Pfanne!

   <u>Till</u> war wieder einmal auf Arbeitssuche und kam in eine größere Stadt. Vor einem Lokal entdeckte er das Schild: „Wir suchen einen Küchenjungen." Eulenspiegel stellte sich sofort vor. Der Wirtin gefiel der junge Mann und sie stellte ihn gleich ein. Aber schon bald fühlte er sich nicht mehr wohl. An allem hatte die neue Chefin nämlich etwas auszusetzen. Ihr Lieblingssatz lautete: „Du bist zu nichts tauglich!"
   Eines Abends beschwerte sich ein Gast wütend bei der Wirtin über das Essen. Nach wenigen Worten entstand zwischen ihnen ein heftiger Streit. Plötzlich wollte er sie sogar angreifen. Die Wirtin flüchtete in die Küche und forderte Till auf: „Hau den Burschen in die Pfanne!" Till ließ sich das nicht zweimal sagen. Er stürzte ins Gastzimmer, schnappte sich den Gast und schleppte ihn in die Küche. Der Küchenchef hatte gerade eine riesige heiße Pfanne in der Hand. Eulenspiegel nahm sie ihm ab und setzte den Gast mit dem Hinterteil hinein. Glücklicherweise rettete der Chefkoch die Situation. Er nahm einen Wasserschlauch und drehte das eiskalte Wasser auf. So kühlte das Hinterteil schnell wieder ab. Die Wirtin fürchtete um den Ruf ihres Lokals und rief Eulenspiegel herbei. Aber der Narr war schon längst über alle Berge.

   (Schülerin einer fünften Klasse)

   2. Subjekte können aus verschiedenen Arten von Wörtern bestehen. Trage sie richtig in einer Tabelle ein.

Namen	Nomen und erweiterte Nomen	Personalpronomen
Till	der junge Mann	er

Die Satzglieder

Subjekt

1. 1. Schreibe auf, wer in der Familie welche Arbeiten übernehmen soll.

2. Unterstreiche die Subjekte.

Mögliche Antworten:
<u>Michael</u> kauft ein. <u>Eva</u> gießt die Blumen. <u>Papa</u> kontrolliert die Hausaufgaben. <u>Tante Gisela</u> kocht das Mittagessen. <u>Susanne und Sven</u> spülen.

2. 1. Unterstreiche in der Eulenspiegelgeschichte alle Subjekte.

Hau ihn in die Pfanne!
<u>Till</u> war wieder einmal auf Arbeitssuche und kam in eine größere Stadt. Vor einem Lokal entdeckte <u>er</u> das Schild: „<u>Wir</u> suchen einen Küchenjungen." <u>Eulenspiegel</u> stellte sich sofort vor. Der Wirtin gefiel <u>der junge Mann</u> und <u>sie</u> stellte ihn gleich ein. Aber schon bald fühlte <u>er</u> sich nicht mehr wohl. An allem hatte <u>die neue Chefin</u> nämlich etwas auszusetzen. <u>Ihr Lieblingssatz</u> lautete: „<u>Du</u> bist zu nichts tauglich!"
Eines Abends beschwerte sich <u>ein Gast</u> wütend bei der Wirtin über das Essen. Nach wenigen Worten entstand zwischen ihnen <u>ein heftiger Streit</u>. Plötzlich wollte <u>er</u> sie sogar angreifen. <u>Die Wirtin</u> flüchtete in die Küche und forderte Till auf: „Hau den Burschen in die Pfanne!" <u>Till</u> ließ sich das nicht zweimal sagen. <u>Er</u> stürzte ins Gastzimmer, schnappte sich den Gast und schleppte ihn in die Küche. <u>Der Küchenchef</u> hatte gerade eine riesige heiße Pfanne in der Hand. <u>Eulenspiegel</u> nahm sie ihm ab und setzte den Gast mit dem Hinterteil hinein.
Glücklicherweise rettete <u>der Chefkoch</u> die Situation. <u>Er</u> nahm einen Wasserschlauch und drehte das eiskalte Wasser auf. So kühlte <u>das Hinterteil</u> schnell wieder ab. <u>Die Wirtin</u> fürchtete um den Ruf ihres Lokals und rief Eulenspiegel herbei. Aber <u>der Narr</u> war schon längst über alle Berge.

2. Subjekte können aus verschiedenen Wörtern bestehen. Trage sie richtig in einer Tabelle ein.

Namen	Nomen und erweiterte Nomen	Personalpronomen
Till	der junge Mann	er
Eulenspiegel	die neue Chefin	wir
Till	ihr Lieblingssatz	sie
Eulenspiegel	ein Gast	er
	ein heftiger Streit	du
	die Wirtin	er
	der Küchenchef	er
	der Chefkoch	er
	das Hinterteil	
	die Wirtin	
	der Narr	

Grammatik

Die Satzglieder

Prädikat

1. Gnork hört aus einem Fenster lautes Kinderweinen. Er erfährt leider nicht den Grund, denn einige Wörter der Mutter werden durch das Schluchzen übertönt.

„Du _ hohes Fieber. Deine Nase _. Deine Augen _. Ich _ den Arzt. Er _ dir sicher ein Medikament. Ich _ deiner Klassenlehrerin eine Entschuldigung."

Hilf Gnork die Mutter zu verstehen, indem du die Sätze mit den Prädikaten aufschreibst.

> **Du fragst nach dem Prädikat: *Was tut jemand/etwas? Was geschieht?***
> **Manchmal besteht es aus zwei Teilen.**
> **Beispiel: Ralph *hat* gestern *trainiert*.**
> **Morgen *wird* ein Auswärtsspiel *stattfinden*.**

---

2. Max und Moritz

Du kennst sie sicher. In ihrem fünften Streich haben sie Onkel Fritz Maikäfer ins Bett gelegt.

Versuche, indem du laut und betont liest, die folgenden Prädikate richtig einzusetzen. Schreibe den Streich so auf, wie er im Wilhelm-Busch-Buch stehen könnte.

fliegt, ~~geht~~, kriecht, hüllt sich ein, schläft, macht ... zu, fasst ... an, schreit, ist, macht ... zu, erfasst, hat, kommen, trampelt, ist, hat, sieht ... sausen, haut

Bald zu Bett **geht** Onkel Fritze
In der spitzen Zipfelmütze;

Seine Augen _____ er _____,
_____ _____ _____ und _____ in Ruh.

Doch die Käfer – kritze, kratze! –
_____ schnell aus der Matratze.

Schon _____ einer, der voran,
Onkel Fritzens Nase _____.

„Bau!", _____ er. – „Was _____ das hier?!"
Und _____ das Ungetier.

Und den Onkel, voller Grausen,
_____ man aus dem Bette _____.

„Autsch!!" – Schon wieder _____ er einen
im Genicke, an den Beinen;

Hin und her und rundherum
_____ es, _____ es mit Gebrumm.

Onkel Fritz, in dieser Not,
_____ und _____ alles tot.

Guckste wohl! Jetzt _____'s vorbei
Mit der Käferkrabbelei!!

Onkel Fritz _____ wieder Ruh'
Und _____ seine Augen _____.

Die Satzglieder

Grammatik

Prädikat

1. Hilf Gnork die Mutter zu verstehen, indem du die Sätze mit den Prädikaten aufschreibst.

Lösungsvorschlag:
„Du **hast** hohes Fieber. Deine Nase **läuft**. Deine Augen **tränen**. Ich **werde** den Arzt **rufen**. Er **wird** dir sicher ein Medikament **verschreiben**. Ich **werde** deiner Klassenlehrerin eine Entschuldigung **schreiben**."

In der Umgangssprache wird statt des Futurs häufig das Präsens gebraucht:
„Ich **rufe** den Arzt. Er **verschreibt** dir sicher ein Medikament. Ich **schreibe** deiner Klassenlehrerin eine Entschuldigung."

2. Max und Moritz
Versuche, indem du laut und betont liest, die folgenden Prädikate richtig einzusetzen. Schreibe den Streich so auf, wie er im Wilhelm-Busch-Buch stehen könnte.

Bald zu Bett **geht** Onkel Fritze
In der spitzen Zipfelmütze;

Seine Augen **macht** er **zu**,
Hüllt sich ein und **schläft** in Ruh.

Doch die Käfer – kritze, kratze! –
Kommen schnell aus der Matratze.

Schon **fasst** einer, der voran,
Onkel Fritzens Nase **an**.

„Bau!!", **schreit** er. – „Was **ist** das hier?!!"
Und **erfasst** das Ungetier.

Und den Onkel, voller Grausen,
Sieht man aus dem Bette **sausen**.

„Autsch!!" – Schon wieder **hat** er einen
Im Genicke, an den Beinen;

Hin und her und rundherum
Kriecht es, **fliegt** es mit Gebrumm.

Onkel Fritz, in dieser Not,
Haut und **trampelt** alles tot.

Guckste wohl! Jetzt **ist**'s vorbei
Mit der Käferkrabbelei!!

Onkel Fritz **hat** wieder Ruh'
Und **macht** seine Augen **zu**.

Grammatik

Die Satzglieder

Subjekt und Prädikat

> *Subjekt und Prädikat* gehören zusammen und bilden zusammen einen einfachen Satz, z. B. Fridolin knabbert.
> Jeder Satz muss Subjekt und Prädikat enthalten.

Gnork kennt einen Stern, auf dem die Bewohner in ihren Sätzen nur Subjekte und Prädikate verwenden.

1. Wie heißt die Fabel in der Sprache dieser Außerirdischen? Schreibe nur Subjekte und Prädikate heraus. Setze dabei das Subjekt **vor** das Prädikat.
Beispiel: Der Hase bekam.

Der Igel und der Hase

1. Eines Tages bekam der Hase unerwartet Besuch vom Igel. 2. „Da betritt ja schon wieder ein garstiges Borstentier mein Revier! 3. Vor deinem nächsten Besuch bürstest du dir erst einmal dein Fell!" 4. Der Igel entgegnete traurig: 5. „Ich habe wirklich keine schönen Haare. 6. Deshalb beneide ich dich auch so." 7. Da kam plötzlich ein Fuchs. 8. Er packte den Hasen und fraß ihn sofort mit Haut und Haaren auf. 9. Dann ging er auf den Igel los. 10. Dieser aber hatte sich schon zusammengerollt. 11. Der Fuchs verletzte sich an der Schnauze. 12. Ärgerlich musste er von ihm ablassen. 13. Seitdem stöhnt der Igel nicht mehr über seine Stacheln.

2. Satzgliedersalat

1. Füge die Satzglieder zu sinnvollen Sätzen zusammen.
   Beispiel: froh – dicker – lebte – ein Frosch – in einem Teich
   → <u>Ein dicker Frosch lebte</u> froh in einem Teich.

2. Unterstreiche die Subjekte und Prädikate.

Die Ameise und die Biene

1. auf einer Wiese – eine Ameise – wohnte – kleine. 2. ihr Bett – hatte – zwischen vielen Glockenblumen – sie. 3. an den Glockenblumen – kam und läutete – fast an jedem Morgen – eine Biene. 4. oft – wachte auf – davon – die Ameise. 5. darüber – sie – laut – ärgerte sich und schimpfte. 6. „ich – das – der Biene – will – austreiben!" 7. an eine Glockenblume – am nächsten Tag – sie – sehr früh – drohend – stand auf und stellte sich. 8. die Biene – über die Ameise – aber – hatte sich ausgesucht und flog hinweg – für diesen Tag – eine andere Wiese. 9. nun – die Ameise – stolz – lachte. 10. „habe – ich – vertrieben – sie. 11. Angst – hat – vor mir – große – sie."

(Fabeln von Schülern einer sechsten Klasse)

Die Satzglieder

Subjekt und Prädikat

1. Wie heißt die Fabel in der Sprache dieser Außerirdischen? Schreibe nur Subjekte und Prädikate heraus. Setze dabei das Subjekt vor das Prädikat.

Der Igel und der Hase

1. Der Hase bekam.
2. Ein garstiges Borstentier betritt.
3. Du bürstest.
4. Der Igel entgegnete.
5. Ich habe.
6. Ich beneide.
7. Ein Fuchs kam.
8. Er packte und fraß auf.
9. Er ging los.
10. Dieser hatte sich zusammengerollt.
11. Der Fuchs verletzte sich.
12. Er musste ablassen.
13. Der Igel stöhnt.

2. Satzgliedersalat

1. Füge die Satzglieder zu sinnvollen Sätzen zusammen.
2. Unterstreiche die Subjekte und Prädikate.

Die Ameise und die Biene

1. Eine kleine Ameise wohnte auf einer Wiese.
2. Zwischen vielen Glockenblumen hatte sie ihr Bett.
3. Fast an jedem Morgen kam eine Biene und läutete an den Glockenblumen.
4. Oft wachte die Ameise davon auf.
5. Sie ärgerte sich darüber und schimpfte laut:
6. „Das will ich der Biene austreiben!"
7. Am nächsten Tag stand sie sehr früh auf und stellte sich drohend an eine Glockenblume.
8. Die Biene aber hatte sich für diesen Tag eine andere Wiese ausgesucht und flog über die Ameise hinweg.
9. Nun lachte die Ameise stolz:
10. „Ich habe sie vertrieben.
11. Sie hat große Angst vor mir."

Manchmal hast du vielleicht auch eine andere sinnvolle Reihenfolge der Satzglieder gewählt, z.B.: Auf einer Wiese wohnte eine kleine Ameise.

Grammatik

Die Satzglieder

Akkusativobjekt

1. Jede Person auf den Bildern hat einen anderen Arbeitsplatz.

1. Schreibe über alle Personen einen Satz mit einer typischen Tätigkeit ihrer Berufe. Der Satz soll aus **Subjekt**, **Prädikat** und **Akkusativobjekt** bestehen.

> Ein *Akkusativobjekt* erkennst du durch die *Ersatzprobe*: Wenn du für ein Satzglied die Fragen *Wen?/Was?* einsetzen kannst, hast du ein Akkusativobjekt vor dir.
> Beispiel: Der Clown macht *Späße*. *Wen/was* macht er?

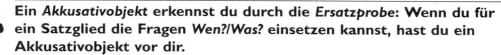

2. Unterstreiche in deinen Sätzen das Akkusativobjekt. Mache jedes Mal schriftlich die Ersatzprobe mit den Fragen: Wen?/Was?

2. Silbenrätsel

1. Wie heißen die 14 Berufe? Die großgeschriebenen Silben zeigen dir, wo die einzelnen Berufe anfangen. Streiche die verwendeten Silben.
A – An – ärz – Au – Bau – Bus – cha – cher – der – E – er – fah –
fer – Fi – Fo – ger – graf – käu – ken – ker – ker – ker – Kran – lek – ler –
me – ni – po – rer – Sän – Schau – scher – Schnei – schwes – spie – strei –
ter – the – Tier – tin – to – to – tri – Ver

2. Schreibe zu diesen Berufen Sätze wie in Aufgabe 1.1. Mache jedes Mal in Gedanken die **Akkusativprobe: Wen?/Was?** Unterstreiche dann das Akkusativobjekt.
Beispiel: Die Friseuse föhnt die Haare. Wen/was föhnt sie?

Die Satzglieder
Akkusativobjekt

Grammatik

1. 1. Schreibe über alle Personen einen Satz mit einer typischen Tätigkeit ihrer Berufe. Der Satz soll aus **Subjekt**, **Prädikat** und **Akkusativobjekt** bestehen.

2. Unterstreiche in deinen Sätzen das Akkusativobjekt. Mache jedes Mal schriftlich die Ersatzprobe mit den Fragen: Wen?/Was?

    Mögliche Antworten:
    1. Die Malerin malt eine Landschaft.
       Wen/was malt die Malerin?
    2. Die Bäckerin knetet den Teig.
       Wen/was knetet die Bäckerin?
    3. Der Polizist verfolgt den flüchtenden Einbrecher.
       Wen/was verfolgt der Polizist?
    4. Die Lehrerin erklärt die Mathematikaufgabe.
       Wen/was erklärt die Lehrerin?
    5. Die Kellnerin bringt die Getränke.
       Wen/was bringt die Kellnerin?
    6. Der Fernsehansager sagt das Programm an.
       Wen/was sagt der Fernsehansager an?

2. Silbenrätsel

1. Wie heißen die 14 Berufe?
   Anstreicher – Apotheker – Automechaniker – Bauer – Busfahrer – Elektriker – Fischer – Fotograf – Krankenschwester – Sänger – Schauspieler – Schneider – Tierärztin – Verkäufer

2. Schreibe zu diesen Berufen Sätze wie in Aufgabe 1.1. Mache jedes Mal in Gedanken die **Akkusativprobe: Wen?/Was?** Unterstreiche dann das Akkusativobjekt.

    Mögliche Antworten:
    Der Anstreicher trägt die Farbe auf.
    Der Apotheker holt die Medikamente aus dem Regal.
    Der Automechaniker repariert den Kühler.
    Der Bauer melkt die Kühe.
    Der Busfahrer steuert den Bus konzentriert durch den Abendverkehr.
    Der Elektriker schließt den neuen Herd an.
    Der Fischer wirft das Netz aus.
    Der Fotograf entwickelt den Film.
    Die Krankenschwester fühlt den Puls.
    Der Sänger stellt seinen neuesten Hit vor.
    Der Schauspieler liest das Drehbuch.
    Der Schneider schneidet den Stoff zu.
    Die Tierärztin untersucht den verletzten Schäferhund.
    Der Verkäufer berät den Kunden.

Grammatik

Die Satzglieder

Dativobjekt

Schüssel 1: antworten, begegnen, beitreten
Schüssel 2: drohen, entgehen, folgen
Schüssel 3: gefallen, gegenüberstehen, helfen, gehören
Schüssel 4: misslingen, nachgeben, sich nähern, nützen
Schüssel 5: passen, schaden, vertrauen, verzeihen
Schüssel 6: widersprechen, zuhören, zuwinken

 1. In diesen sechs Schüsseln liegen Verben. Sie haben eines gemeinsam: Ihnen folgen meistens **Dativobjekte**.

 Wettkampf für zwei bis drei Mitspieler
(Hilfestellung der Lehrerin/des Lehrers zu Beginn sinnvoll)

1. Ein Mitspieler dreht einen Stift zwischen den Schüsseln im Kreis, bis er auf eine der Schüsseln zeigt.

2. Alle schreiben mit dem ersten Verb in der Schüssel einen Satz mit einem Dativobjekt auf. (Personalpronomen – z. B.: *mir, dir, ihm, ihr, ihm, uns, euch, ihnen* – sind dabei nicht gestattet.) Ruft der erste Mitspieler „Stopp!", müssen alle sofort mit dem Schreiben aufhören.
   Beispiel: Rotkäppchens Mutter traute <u>dem bösen Wolf</u> nicht.
   (Nicht erlaubt: Sie traute *ihm* nicht.)

3. Jeder unterstreicht in seinem Satz das Dativobjekt. Um es sicher zu erkennen geht man am besten nach der **Dativobjekt-Probe** vor. Sie geht so:

 Mache die *Ersatzprobe*: Wenn du für ein Satzglied *Wem?* einsetzen kannst, ist es ein *Dativobjekt*.
Beispiel: Dirk hilft *seinem Freund*. Wem hilft Dirk?

4. Nun liest jeder seinen Satz vor. Für jedes richtige Ergebnis bekommt man einen Punkt. Verbrauchte Verben werden gestrichen. Jetzt kommt der Nächste mit dem Drehen dran. Wenn eine Schüssel leer ist, wird neu gedreht.

Die Satzglieder

Dativobjekt

I. 2. Alle schreiben mit dem ersten Verb in der Schüssel einen Satz mit einem Dativobjekt auf.

3. Jeder unterstreicht in seinem Satz das Dativobjekt.

Mögliche Lösungen:

Schüssel 1:
antworten: Der Angeklagte antwortete <u>dem Richter</u> nicht.
begegnen: Im Tunnel begegneten die Rucksacktouristen <u>einer dunklen Gestalt</u>.
beitreten: Im nächsten Monat treten die Mädchen <u>einer Bauchtanzgruppe</u> bei.

Schüssel 2:
drohen: Die Geißenmutter drohte <u>den Geißenkindern</u>: „Der Wolf kann euch fressen!"
entgehen: Der Verbrecher entging nicht <u>der gerechten Strafe</u>.
folgen: Die Klasse folgte <u>dem Polizisten</u> zum Verkehrsgarten.

Schüssel 3:
gefallen: Die neue Tapete gefällt <u>meiner Schwester</u> auch.
gegenüberstehen: Mit schlechtem Gewissen stand der Hund <u>seinem Herrchen</u> gegenüber.
helfen: Ein mutiges Mädchen half <u>dem ertrinkenden Kind</u>.
gehören: Das neue Poster gehört <u>meinem Bruder</u>.

Schüssel 4:
misslingen: Der Streich ist <u>den Schülerinnen und Schülern</u> völlig misslungen.
nachgeben: Der Betrieb gab <u>den Streikenden</u> nach.
sich nähern: Der Zug näherte sich <u>der offenen Schranke</u> mit großer Geschwindigkeit.
nützen: Die Fahrkarte nützte <u>meiner Großmutter</u> in diesem Moment auch nichts mehr.

Schüssel 5:
passen: Der Hosenanzug passte <u>der Kundin</u> überhaupt nicht.
schaden: Zu viel Sonne schadet <u>der Haut</u>.
vertrauen: Nach der Lüge vertraute Michaela <u>ihrer Freundin</u> nicht mehr.
verzeihen: Meine Mutter verzieh <u>meinem Bruder</u>, dass er zu spät gekommen war.

Schüssel 6:
widersprechen: Unsere Tante widersprach <u>unserem Onkel</u>.
zuhören: Die neuen Schüler hörten <u>der Schulleiterin</u> aufmerksam zu.
zuwinken: Der ausländische Schüler winkte <u>seinen Gasteltern</u> vom Zug aus noch lange zu.

Grammatik **Die Satzglieder**

Subjekt, Prädikat, Dativ- und Akkusativobjekt

 Geschenke in letzter Minute – Ein lustiges Spiel für drei Spieler: A, B und C
(Hilfestellung der Lehrerin/des Lehrers zu Beginn sinnvoll)

Du kennst sicher die Situation: Der Heilige Abend steht vor der Tür und dir fehlt noch ein Geschenk.

In diesem Spiel geht es um lustige Geschenke.
Jede Gruppe nimmt ein Blatt quer und legt es sich nach folgendem Muster an
– allerdings ohne die Buchstaben A, B, C, die zeigen, welcher Mitspieler dran ist:

Subjekt Wer?/Was?	Prädikat	Dativobjekt Wem?	Akkusativobjekt Wen?/Was?
Der Gärtner	schenkt	den lustigen Schildkröten	ein Surfbrett
(A)	schenkt	(B)	(C)
(B)	schenkt	(C)	(A)
(C)	schenkt	(A)	(B)
(A)	schenkt	(B)	(C)
(B)	schenkt	(C)	(A)
(C)	schenkt	(A)	(B)

Jeder Teilnehmer schreibt der Reihe nach
ein bestimmtes Satzglied in eine Tabellenspalte.
Beginnt so:

Mitspieler A: 1. Spalte: **Wer/was** schenkt etwas? **(Subjekt)**

Mitspieler B: 2. Spalte: **Wem** schenkt man etwas? **(Dativobjekt)**

Mitspieler C: 3. Spalte: **Wen/was** schenkt man? **(Akkusativobjekt)**

Jeder knickt anschließend das Blatt um, damit niemand weiß, was die anderen geschrieben haben. Dann gibt man es weiter. Der letzte Spieler in der Runde liest, wenn er fertig ist, den ganzen Satz vor. Nach jedem Satz wird die Reihenfolge der Mitspieler so gewechselt, wie es der Spielplan in der Tabelle oben vorsieht. Ihr könnt das Spiel anschließend mehrmals in beliebiger Reihenfolge spielen. Witzige Ideen sind dabei wichtig.

Grammatik

Die Satzglieder

Subjekt, Akkusativ- und Dativobjekt (Teil 1)

Gnork nimmt im Fernsehen an einem Grammatik-Quiz für Außerirdische teil. Die Aufgabe heißt:

Wie viele Subjekte, Akkusativ- und Dativobjekte sind im folgenden Text fett gedruckt? Suche die Zahl, die sich aus der Aneinanderreihung der Zahlen ergibt.

Hilfst du Gnork?
Beispiel: 3 Subjekte, 4 Akkusativobjekte, 2 Dativobjekte
→ Gesuchte Zahl: 342

Du musst nur richtig fragen können: Setze für das Satzglied, das du bestimmen möchtest, Fragewörter ein. Das passende Fragewort verrät dir den Namen des Satzglieds:
1. **Wer?/Was?** → **Subjekt**
2. **Wen?/Was?** → **Akkusativobjekt**
3. **Wem?** → **Dativobjekt**

1. Schreibe die Fragesätze in Kurzform. Bestimme dann die fett gedruckten Satzglieder.
   Beispiel: 1. **Ein Mann** wollte einst einen Wald durchqueren.
   Wer/was wollte einen Wald durchqueren? → Subjekt

2. Fernsehquiz
Im folgenden Text befinden sich fett gedruckt:
... Subjekte, ... Akkusativobjekte, ... Dativobjekte
Gesuchte Zahl: ...

Was der Bär ins Ohr flüstert (nach Johannes Pauli)

1. **Ein Mann** wollte einst **einen Wald** durchqueren und gab **einem Bauern** ein Geldstück für seine Begleitung. 2. **Der Bauer** versprach **dem Fremden Hilfe**, wenn sie zum Beispiel einem wilden Tier begegnen würden. 3. Schon bald näherte sich **den beiden Männern** ein Bär. 4. **Der Helfer** bestieg sofort **einen Baum**. 5. Der Fremde aber konnte **dem Bären** alleine keinen Widerstand leisten. 6. In seiner Not fiel dem Unglücklichen ein, dass ein Bär **einen Toten** nicht angreifen würde. 7. Sogleich warf **er** sich auf den Erdboden und hielt **den Atem** an. 8. **Der Bär** beschnupperte die Ohren und die Nase des Mannes. 9. Er spürte kein Leben in ihm und setzte **seinen Weg** fort. 10. Damit war der Fremde **der Lebensgefahr** entgangen. 11. Sobald der Bär verschwunden war, kletterte der Einheimische vom Baum herunter und fragte **den Fremden**: 12. „Mein Lieber, was hat der Bär zu dir gesagt, als er **dir** etwas ins Ohr geflüstert hat?" 13. Der andere antwortete **dem Bauern**: „Der Bär flüsterte, dass ich ein Narr sei. 14. **Einem unbekannten Menschen** solle ich nie mehr mein Vertrauen schenken."

Nach: Edmund Mudrak (Hrsg.): Das große Buch der Fabeln. Ensslin und Laiblin: Reutlingen 1962.

Die Satzglieder
Subjekt, Akkusativ- und Dativobjekt (Teil 1)

Grammatik

1. Schreibe die Fragesätze in Kurzform. Bestimme dann die fett gedruckten Satzglieder.

2. Fernsehquiz
Im folgenden Text befinden sich fett gedruckt:
5 Subjekte, 7 Akkusativobjekte, 8 Dativobjekte
Gesuchte Zahl: 578

1. Ein Mann: **Wer/was** wollte einen Wald durchqueren? **(Subjekt)**
   einen Wald: **Wen/was** wollte er durchqueren? **(Akkusativobjekt)**
   einem Bauern: **Wem** gab er ein Geldstück? **(Dativobjekt)**
2. Der Bauer: **Wer/was** versprach Hilfe? **(Subjekt)**
   dem Fremden: **Wem** versprach er Hilfe? **(Dativobjekt)**
   Hilfe: **Wen/was** versprach er ihm? **(Akkusativobjekt)**
3. den beiden Männern: **Wem** näherte sich ein Bär? **(Dativobjekt)**
4. Der Helfer: **Wer/was** bestieg einen Baum? **(Subjekt)**
   einen Baum: **Wen/was** bestieg der Helfer? **(Akkusativobjekt)**
5. dem Bären: **Wem** konnte er keinen Widerstand leisten? **(Dativobjekt)**
6. einen Toten: **Wen/was** würde ein Bär nicht angreifen? **(Akkusativobjekt)**
7. er: **Wer/was** hielt den Atem an? **(Subjekt)**
   den Atem: **Wen/was** hielt er an? **(Akkusativobjekt)**
8. Der Bär: **Wer/was** beschnupperte? **(Subjekt)**
9. seinen Weg: **Wen/was** setzte er fort? **(Akkusativobjekt)**
10. der Lebensgefahr: **Wem** war er entgangen? **(Dativobjekt)**
11. den Fremden: **Wen/was** fragte er? **(Akkusativobjekt)**
12. dir: **Wem** hat er etwas ins Ohr geflüstert? **(Dativobjekt)**
13. dem Bauern: **Wem** antwortete er? **(Dativobjekt)**
14. Einem unbekannten Menschen: **Wem** solle er nie mehr Vertrauen schenken? **(Dativobjekt)**

Grammatik

Die Satzglieder

Subjektiv, Akkusativ- und Dativobjekt (Teil 2)

Die Satzgliedschnecke

(Hilfestellung der Lehrerin/des Lehrers zu Beginn erforderlich)

Ihr braucht dazu:
mindestens 2 Mitspieler,
1 Schiedsrichter mit Lösungsblatt,
Würfel, Spielsteine

Kriecht wie Schnecken:
Nur bei den Würfelzahlen 1–3 dürft ihr weiter. Wer auf ein Wortfeld kommt, muss einen Satz bilden, in dem das Wort oder die Wörter je nach Aufgabe als Subjekt, Akkusativ- oder Dativobjekt vorkommen. Wenn du auf ein Feld kommst, auf dem schon ein Spieler war, musst du dir einen anderen Satz überlegen.

Beispiel:
1. der Elefant (Subjekt): Der Elefant trinkt.
2. der Elefant (Dativobjekt): Ich helfe dem Elefanten.
3. der Elefant (Akkusativobjekt): Wir beobachten den Elefanten.

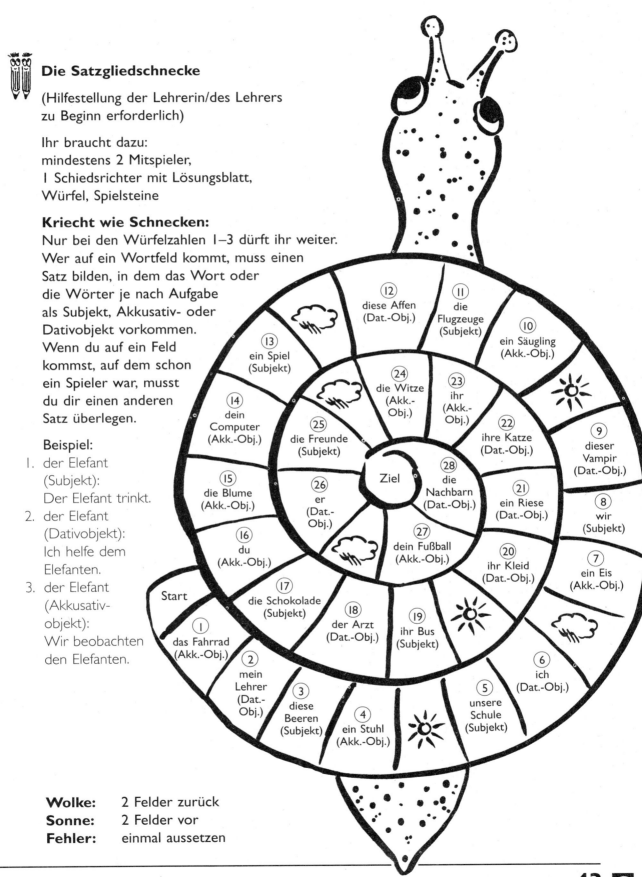

Wolke: 2 Felder zurück
Sonne: 2 Felder vor
Fehler: einmal aussetzen

© Ernst Klett Verlag GmbH, Stuttgart 1995.
Von dieser Druckvorlage ist die Vervielfältigung für den eigenen Unterrichtsgebrauch gestattet.
Die Kopiergebühren sind abgegolten.

Die Satzglieder
Subjekt, Akkusativ- und Dativobjekt (Teil 2)

Grammatik

Die Satzgliedschnecke

Die Wörter aus den Wortfeldern müssen in folgender Form im Satz vorkommen:

1. das Fahrrad
2. meinem Lehrer
3. diese Beeren
4. einen Stuhl
5. unsere Schule
6. mir
7. ein Eis
8. wir
9. diesem Vampir
10. einen Säugling
11. die Flugzeuge
12. diesen Affen
13. ein Spiel
14. deinen Computer
15. die Blume
16. dich
17. die Schokolade
18. dem Arzt
19. ihr Bus
20. ihrem Kleid
21. einem Riesen
22. ihrer Katze
23. euch
24. die Witze
25. die Freunde
26. ihm
27. deinen Fußball
28. den Nachbarn

Grammatik

Die Satzglieder

Präpositionalobjekt

Wir kämpfen für unsere Umwelt

Gnork kann das Wort *Präpositionalobjekt* kaum aussprechen. Aber er entdeckt in den Schülerappellen 14 davon. Versuche das mit Hilfe des Tipps auch zu schaffen.

Du musst nur richtig fragen können: Wenn du für ein Satzglied ein Fragewort mit einer *Präposition* (z. B. Woran? Worauf? Wovor? Wofür? Wogegen? Woraus? Worum? Wozu? Worüber? Worunter? Wonach?) einsetzen kannst, hast du meistens ein *Präpositionalobjekt* vor dir.
Beispiel: Bürger! Kämpft *für unsere Umwelt!*
      Wofür sollt ihr kämpfen?

 1. Unterstreiche die Präpositionalobjekte. Schreibe die passende Frage auf.
   Beispiel: Verzichtet <u>auf Streusalz</u>!
        Worauf sollen wir verzichten?

1. Schülerinnen und Schüler! Besteht auf spülbaren Frühstücksboxen! Müllvermeidung ist wichtig!
2. Durstige! Setzt euch für Mehrwegflaschen ein! Kämpft gegen Plastikdosen! Sonst erstickt ihr noch im Müll.
3. Reinlichkeitsfanatiker! Achtet auf tropfende Wasserhähne! Protestiert gegen halb volle Waschmaschinen!
4. Toilettenbenutzer! Die Toilettenspülung ist ein sehr großer Wasserverbraucher. Bemüht euch um den Einbau einer Spartaste! Sie kostet nur ein paar Mark. Träumt nicht mehr von blütenweißem Toilettenpapier! Altpapier kratzt auch nicht und hilft der Umwelt.
5. Gartenbesitzer! Denkt über Pflanzenschutz- und Schädlingsbekämpfungsmittel nach! Sie schaden dem Grundwasser.
6. Hobbybastler! Das Trinkwasser ist unser wichtigstes Nahrungsmittel. Hütet euch vor der Verseuchung! Ölreste und giftige Abfallstoffe müssen richtig entsorgt werden!
7. Verbraucher! Wehrt euch gegen die Versuchung euren Müll einfach wegzuwerfen! Ihr verschandelt die Landschaft. Entscheidet euch gegen Spraydosen, denn Treibmittel zerstören die Ozonschicht. Ozon aber schützt das Leben auf der Erde vor gefährlichen Sonnenstrahlen.
8. Einkaufsbummler! Verlangt nicht nach Plastiktüten! Nehmt doch Stofftaschen mit!
9. Autofahrer! Erinnert euch wieder an öffentliche Verkehrsmittel! Ein einziger Zug transportiert mehr Menschen als hundert Autos.

 2. Unsere Umwelt braucht noch mehr Hilfe!
   Schreibe auf, was dir dazu einfällt.

Die Satzglieder
Präpositionalobjekt

Grammatik

I. Unterstreiche die Präpositionalobjekte. Schreibe die passende Frage auf.

1. Schülerinnen und Schüler! Besteht <u>auf spülbaren Frühstücksboxen</u>!
   Worauf sollt ihr bestehen?

2. Durstige! Setzt euch <u>für Mehrwegflaschen</u> ein!
   Wofür sollt ihr euch einsetzen?
   Kämpft <u>gegen Plastikdosen</u>!
   Wogegen sollt ihr kämpfen?

3. Reinlichkeitsfanatiker! Achtet <u>auf tropfende Wasserhähne</u>!
   Worauf sollt ihr achten?
   Protestiert <u>gegen halb volle Waschmaschinen</u>!
   Wogegen sollt ihr protestieren?

4. Toilettenbenutzer! Bemüht euch <u>um den Einbau einer Spartaste</u>!
   Worum sollt ihr euch bemühen?
   Träumt nicht mehr <u>von blütenweißem Toilettenpapier</u>!
   Wovon sollt ihr nicht mehr träumen?

5. Gartenbesitzer! Denkt <u>über Pflanzenschutz- und Schädlingsbekämpfungsmittel</u> nach!
   Worüber sollt ihr nachdenken?

6. Hobbybastler! Hütet euch <u>vor der Verseuchung</u>!
   Wovor sollt ihr euch hüten?

7. Verbraucher! Wehrt euch <u>gegen die Versuchung</u> euren Müll einfach wegzuwerfen!
   Wogegen sollt ihr euch wehren?
   Entscheidet euch <u>gegen Spraydosen</u>!
   Wogegen sollt ihr euch entscheiden?
   Ozon aber schützt das Leben auf der Erde <u>vor gefährlichen Sonnenstrahlen</u>.
   Wovor schützt euch Ozon?

8. Einkaufsbummler! Verlangt nicht <u>nach Plastiktüten</u>!
   Wonach sollt ihr nicht verlangen?

9. Autofahrer! Erinnert euch wieder <u>an öffentliche Verkehrsmittel</u>!
   Woran sollt ihr euch erinnern?

Grammatik **Die Satzglieder**

Alle Objekte

 Objekte-Raten: 2 Spieler, 2 Spielsteine (z. B. Spitzer)

Jeder besteigt mit seinem Spielstein von unten her die Treppe. Auf jeder Stufe schreibt er auf, wie er nach dem fett gedruckten Objekt fragt und wie es heißt.
Beispiel: Im Eingang erblickte ich **einen Affen**.
　　　　　Wen/was erblickte ich? → Akkusativobjekt

Das Spiel ist beendet, sobald der Erste fertig ist. Kontrolliert eure Lösungen gegenseitig mit Hilfe des Lösungsblatts. Für jede richtige Bestimmung und Frage gibt es je einen Punkt. (38 Punkte sind erreichbar.)

Der Zirkus kommt

16) Wir danken **den Artisten** mit langem Applaus.

15) Als Krönung zeigen die Trapezkünstler **dem begeisterten Publikum den dreifachen Salto**.

14) In übergroßen Schuhen, zu kurzen Hosen und einer karierten Jacke macht der Clown **seine Späße**.

13) Ein Elefant nimmt mit besten Manieren am Tisch **eine Mahlzeit** ein.

12) Die Schimpansen – die Clowns unter den Zirkustieren – tragen **Menschenkleidung** und ahmen **die Menschen** nach.

11) Doch dann beruhigt er sich wieder, gehorcht **seinen Befehlen** und springt durch einen Feuerring.

10) Ein Löwe nähert sich fauchend **seinem Dompteur**.

9) Die drolligen Bären tragen aus Sicherheitsgründen **einen Beißkorb**.

8) Der Zauberer zieht **einer Besucherin Geldscheine** aus der Nase.

7) Jongleure zeigen mit Tellern und Tassen, aber auch mit Hüten und Zigarrenkästen **ihre Geschicklichkeit**.

6) Im Zirkuszelt warten wir abends gespannt **auf die erste Nummer**.

5) In der Zirkusschule auf Rädern wird **den Zirkuskindern** der Unterrichtsstoff beigebracht.

4) Jedes Zirkustier hört **auf einen eigenen Namen**.

3) Wir lesen in der Zeitung: Der Zirkus-Küchenchef hat **achthundert frische Brötchen** beim Bäcker bestellt.

2) Drei Tage vor der ersten Vorstellung begegnen wir auf den Straßen **den rollenden Käfigwagen**.

1) Schon lange freuen wir uns **auf den Zirkusbesuch**.

Die Satzglieder
Alle Objekte

Grammatik

Jeder besteigt mit seinem Spielstein von unten her die Treppe. Auf jeder Stufe schreibt er auf, wie er nach dem fett gedruckten Objekt fragt und wie es heißt.

1. auf den Zirkusbesuch –
   Worauf freuen wir uns? **(Präpositionalobjekt)**
2. den rollenden Käfigwagen –
   Wem begegnen wir? **(Dativobjekt)**
3. achthundert frische Brötchen –
   Wen/was hat der Zirkus-Küchenchef bestellt? **(Akkusativobjekt)**
4. auf einen eigenen Namen –
   Worauf hört jedes Zirkustier? **(Präpositionalobjekt)**
5. den Zirkuskindern –
   Wem wird der Unterrichtsstoff beigebracht? **(Dativobjekt)**
6. auf die erste Nummer –
   Worauf warten wir gespannt? **(Präpositionalobjekt)**
7. ihre Geschicklichkeit –
   Wen/was zeigen Jongleure? **(Akkusativobjekt)**
8. a. einer Besucherin –
   Wem zieht der Zauberer Geldscheine aus der Nase? **(Dativobjekt)**
   b. Geldscheine –
   Wen/was zieht der Zauberer einer Besucherin aus der Nase? **(Akkusativobjekt)**
9. einen Beißkorb –
   Wen/was tragen die Bären? **(Akkusativobjekt)**
10. seinem Dompteur –
    Wem nähert sich ein Löwe fauchend? **(Dativobjekt)**
11. seinen Befehlen –
    Wem gehorcht er? **(Dativobjekt)**
12. a. Menschenkleidung –
    Wen/was tragen die Schimpansen? **(Akkusativobjekt)**
    b. die Menschen –
    Wen/was ahmen sie nach? **(Akkusativobjekt)**
13. eine Mahlzeit –
    Wen/was nimmt ein Elefant ein? **(Akkusativobjekt)**
14. seine Späße –
    Wen/was macht der Clown? **(Akkusativobjekt)**
15. a. dem begeisterten Publikum –
    Wem zeigen die Trapezkünstler den dreifachen Salto? **(Dativobjekt)**
    b. den dreifachen Salto –
    Wen/was zeigen die Trapezkünstler dem Publikum? **(Akkusativobjekt)**
16. den Artisten –
    Wem danken wir? **(Dativobjekt)**